# MÉMOIRES

DU

## CONGRÈS PROVINCIAL

DES

## ORIENTALISTES FRANÇAIS

———

PREMIÈRE SESSION — SAINT-ÉTIENNE

1875

———

I

IMPRIMÉ

**CHEZ MM. THÉOLIER FRÈRES**

Rue Gérentet, 42, à Saint Etienne (Loire).

—

XXXI DÉCEMBRE MDCCCLXXVII

# CONGRÈS PROVINCIAL

## DES

# ORIENTALISTES

## FRANÇAIS

---

### COMPTE-RENDU

#### DE LA

## PREMIÈRE SESSION

### SAINT-ÉTIENNE — 1875

---

### TOME PREMIER

AVEC PLANCHES ET FIGURES

| A SAINT-ÉTIENNE | A PARIS |
|---|---|
| M. LE BARON TEXTOR DE RAVISI | MM. MAISONNEUVE ET C<sup>ie</sup> |
| Président du Congrès de Saint-Étienne. | Libraires des Congrès des Orientalistes. |
| N° 7, Rue d'Annonay. | N° 25, Quai Voltaire. |

1878

Le COMPTE-RENDU DE LA SESSION DE SAINT-ÉTIENNE n'est tiré qu'à 1,350 exemplaires, savoir :

50 pour les Dames patronnesses (tirage sur papier rose.

500 pour les Membres et les Souscripteurs de la Session de Saint-Etienne ;

200 pour les 200 premiers Membres de la Session de Lyon.

600 pour les souscriptions, les bibliothèques publiques et la vente ordinaire.

Les deux chapitres VŒUX et SUITE DONNÉE aux Vœux sont tirés en un livret spécial, à 300 exemplaires (dont 50 sur papier rose).

Les autres chapitres qui doivent être également l'objet de tirages à part n'étant encore qu'à l'état de projet, mention en sera faite ultérieurement.

V

*A Messieurs,*

*Messieurs les Membres de la première Session du Congrès*

*provincial des Orientalistes français.*

---

Saint-Etienne, le 19 Octobre 1877.

Messieurs et chers Collègues,

Pour tenir TOUTES les promesses faites à ses Membres (1), il restait à la **PREMIÈRE SESSION DU CONGRÈS PROVINCIAL DES ORIENTALISTES (SAINT-ETIENNE,** 1875) à mettre à leur disposition le volume du COMPTE-RENDU DE LA SESSION.

Cette promesse va, enfin, être remplie.

Vous savez qu'à la clôture de notre session, je me suis trouvé dans la pénible nécessité de ne pas pouvoir faire commencer cette publication. J'ai fini par céder sur les questions d'amour-propre et de principe, et puis, j'ai pourvu personnellement à toutes les exigences pécuniaïres nécessitées par *l'excédant du montant des dépenses sur celui des recettes ;* màis, en août 1876, au moment où l'impression allait être commen-

---

(1) Voir le Règlement de la Session de Saint-Etienne à l'article 26, se rapportant, notamment, aux articles 10, 15-17, 18-20 (pages 11 et suivantes).

céc *(à mes frais personnels)*, un troisième empê-
chement s'est présenté tout à coup, c'est-à-dire
la confusion des archives et la perte de plusieurs
pièces.

Au moment, en effet, où tout paraissait dis-
posé convenablement pour l'impression, par les
bons soins et l'excellente collaboration de M. le
Mansoys du Prey, Secrétaire-général, sa dispa-
rition subite est venue, malheureusement, remettre tout en question. Les dossiers du Congrès,
livres, papiers, lettres, notes, minutes, bulletins,
etc. (tout était chez lui), après avoir été visités
et laissés en désordre, ont été jetés pêle-mêle
dans des caisses et paniers, puis transportés chez
moi. M. Chapelle, avocat, bibliothécaire-archi-
viste de la session stéphanoise, a bien voulu faire
un premier et difficile dépouillement de mise en
ordre (1). J'ai continué ce travail, et, par la
bonne obligeance avec laquelle les parties intéressées (répondant à mon appel), ont bien voulu
me fournir les documents qui m'étaient nécessaires, la publication du Compte-rendu de notre
Session s'est trouvée possible.

J'ai le plaisir de vous faire part que cette publication du COMPTE-RENDU de la PREMIÈRE
SESSION DU CONGRÈS PROVINCIAL
DES ORIENTALISTES, SAINT-ÉTIENNE
1875, se composera de deux volumes :

---

(1) M. Chapelle est actuellement maire-adjoint de la ville de Saint-
Etienne.

Le premier volume comprendra trois bulletins, savoir ;

1° *Le Congrès provincial des Orientalistes français.*
*Annuaire* de la première Session *(Saint-Etienne 1875) ;*

*Supplément.* Annuaire des deuxième et troisième Sessions *(Marseille* 1876 et *Lyon* 1878*);*

*Vœux* du Congrès provincial des Orientalistes *français ;*

*Exposé de la suite donnée aux vœux* du Congrès : Session inaugurale, *(Levallois-Paris)*, première Session *(Saint-Etienne)* et deuxième Session *(Marseille).*

2° *Actes préparatoires* de la Session de Saint-Etienne :

Invitations, circulaires et programmes ; sommaires des séances ; faits divers ; correspondance ;

3° *Actes de la Session* de Saint-Etienne :

Comptes-rendus des séances, des excursions et des fêtes ; faits divers ; correspondance.

Le second volume comprendra, savoir :

1° *Rapports et comptes-rendus ;*

2° *Mémoires* reproduits complètement ;

3° *Analyses des mémoires* qui n'auront pas été reproduits ;

4° *Supplément : divers.*

La situation financière de la Session laissant à ma charge personnelle la publication toute entière, le deuxième volume ne contiendra, *pour commencer*, que le mémoire de M. Chabas, le grand égyptologue français *(Libations chez les anciens Egyptiens)*, et le sommaire analytique des travaux du savant dravidien, R.-P. Burthey, missionnaire apostolique au Maduré *(Origines des Religions hindoues dans le Mozaïsme et dans le Christianisme)*.

Si je parviens à obtenir, ultérieurement, des souscriptions, des dons ou des subventions de la part des intéressés, du public ou du gouvernement *(mention en sera faite)*, la publication s'en accroîtra dans les limites mêmes de leur importance, soit spéciales ou soit générales.

Les ressources *spéciales* seront naturellement destinées aux mémoires pour lesquels elles auront été nommément affectées. Les ressources générales seront employées à l'impression des analyses et des mémoires désignés par les Commissions d'examen (1).

L'importance du deuxième volume étant, de la sorte, subordonnée aux ressources ultérieures que je réaliserai, la publication en sera faite, comme pour le premier volume, par *livraisons successives*, selon le mode ordinaire employé par les sociétés savantes pour la publication des annales de leurs travaux. Cette publication pourra donc se continuer tout le temps nécessaire. Ce

---

(1) Voir pages 35 et 36.

qu'il importe, c'est, si c'est possible, *que tout soit publié* : le temps n'est rien dans les œuvres sérieuses qui ont l'avenir devant elles.

Le beau volume du COMPTE-RENDU DE LA SESSION INAUGURALE DE LEVALLOIS-PARIS, *qui a été imprimé aux frais de la Session de Saint-Etienne, par les bons soins et sous l'habile direction de M. de Rosny*, a déjà obtenu dans le monde savant le sympathique accueil qu'il méritait. Il a brillamment inauguré les publications du Congrès provincial des Orientalistes (1.

Les publications des sessions de Levallois-Paris, de Saint-Etienne, de Marseille, et, plus tard, de celles de Lyon et des sessions provinciales ultérieures, formeront un vaste recueil encyclopédique NATIONAL de **L'ŒUVRE DU CONGRÈS PROVINCIAL DES ORIENTALISTES**, qui fera le pendant du recueil encyclopédique INTERNATIONAL des publications des sessions de Paris, de Londres, de Saint-Pétersbourg, et, plus tard, de celles de Florence et des sessions internationales ultérieures, c'est-à-dire de *l'Œuvre du Congrès international des Orientalistes.*

J'ai l'honneur d'être, Messieurs et chers Collègues, votre tout dévoué Collaborateur,

B<sup>on</sup> TEXTOR DE RAVISI.

---

1. MM. Maisonneuve et C<sup>e</sup>, libraires-éditeurs, 15, quai Voltaire, Paris

# DIPLOME

## DE LA PREMIÈRE SESSION DU CONGRÈS
## PROVINCIAL DES ORIENTALISTES

SAINT-ÉTIENNE — 1875

Ce diplôme a été composé et dessiné par M. Henry GONNARD, conservateur général du Palais-des-Arts de Saint-Etienne, sous la direction du baron TEXTOR DE RAVISI, président du Congrès de Saint-Etienne. Il a été gravé sur pierre par M. GRINAND, de Lyon, et imprimé par M. BAUDENON-BERTHÉAS, lithographe à Saint-Etienne.

L'ancien diplôme de l'Athénée Oriental était fort beau : il eut été facile de l'approprier aux sessions provinciales. Malheureusement sa planche a été effacée avant que M. de Ravisi prit la direction de la Société. Il s'est donc préoccupé d'avoir un nouveau diplôme *dans le goût oriental*, convenant nonseulement *à la session de Saint-Etienne, mais encore aux sessions suivantes*, au moyen de quelques modifications faciles à opérer dans le cartouche de droite (nom de la ville, numéro d'ordre et date de la session), modifications à apporter sur le report de l'original fait sur une nouvelle pierre à tirer.

Marseille, par suite de la décision du 25 novembre 1875 (voir page 9) n'a pas voulu utiliser le diplôme de Saint-Etienne et elle a fait faire un *brevet spécial*. (1).

---

(1) Le dessin en est fort beau et la pensée très-patriotique : Marseille servant de trait-d'union entre l'Occident et l'Orient.

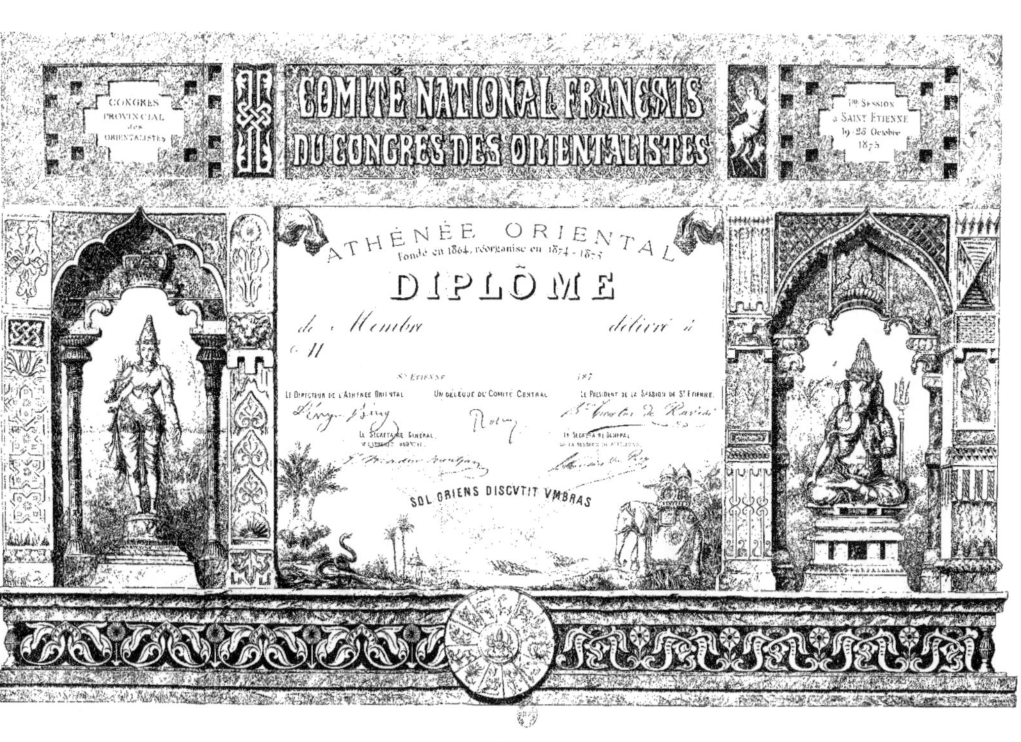
CONGRÈS
PROVINCIAL
des
ORIENTALISTES
COMITÉ NATIONAL FRANÇAIS
DU CONGRÈS DES ORIENTALISTES
1re SESSION
à SAINT ÉTIENNE
19-25 Octobre
1875
ATHÉNÉE ORIENTAL
Fondé en 1864, réorganisé en 1874-1875
DIPLÔME
de Membre
délivré à
St ÉTIENNE
187
LE DIRECTEUR DE L'ATHÉNÉE ORIENTAL
UN DÉLÉGUÉ DU COMITÉ CENTRAL
LE PRÉSIDENT DE LA SESSION DE St ÉTIENNE
LE SECRÉTAIRE GÉNÉRAL
LE SECRÉTAIRE GÉNÉRAL
DE LA SESSION DE St ÉTIENNE
SOL ORIENS DISCVTIT VMBRAS

Il serait à souhaiter que Lyon et que les villes, siéges des futures sessions, adoptàssent le diplôme qui a été gravé pour la première session. *Un brevet unique* serait, en effet, la manifestation naturelle et utile de l'unité et de la tradition de l'œuvre. Il serait, aussi, un allégement de dépenses pour les sessions ultérieures du Congrès.

Le Congrès provincial, ayant été fait par l'Athénée Oriental et sous le patronage du Comité national français du Congrès des Orientalistes, le diplôme de la Session de Saint-Etienne a été signé par le Directeur de l'Athénée Oriental, le Délégué du Comité central, le Président de la Session de Saint-Etienne et les Secrétaires généraux de l'Athénée Oriental et de la Session de Saint-Etienne.

M. de Ravisi cumulant les fonctions de Directeur-Président de l'Athénée Oriental et de *Président de la Session de Saint-Etienne*, M. Lévy-Bing (banquier à Paris), sous-directeur de l'Athénée Oriental, a signé pour l'*Athénée Oriental*. M. Léon de Rosny, Président de la Société d'Ethnographie et Président du Comité national français du Congrès des Orientalistes, a signé pour le *Comité national*. M. E. Madier de Montjau, Secrétaire général de la Société d'Ethnographie, a signé pour M. Léon Cahun, *Secrétaire général de l'Athénée Oriental*, qui n'a pu assister au Congrès de Saint-Etienne. Enfin, M. Le Mansoys du Prey, membre de l'Athénée Oriental, a signé en sa qualité de *Secrétaire général de la Session de Saint-Etienne*.

# CONGRÈS PROVINCIAL DES ORIENTALISTES FRANÇAIS

## But du Congrès provincial des Orientalistes.

Vulgarisation, décentralisation et application de l'Orientalisme, telle est *l'œuvre des Congrès provinciaux des Orientalistes* : c'est la tentative de l'alliance de l'orientalisme *scientifique* (prisé seulement de quelques-uns) avec l'orientalisme *pratique* utile à la majorité.

Réunir les Orientalistes en un même lieu, c'est le moyen infaillible de développer le goût des études relatives à l'Orient ; c'est offrir aux savants qui s'occupent des langues, de l'histoire, de la géographie de ces vastes régions, une publicité indispensable à leurs travaux ; c'est leur permettre de se concerter et de s'encourager, c'est ouvrir au commerce, à l'industrie et à toutes les branches de nos connaissances une voie nouvelle, féconde en enseignements et en applications.

Le Congrès provincial des Orientalistes a pour objectif la décentralisation, la vulgarisation et l'application de la science par la concentration, *en ce qui concerne les études orientales*. Il veut être le trait-d'union entre les Orientalistes, les intéressés et les amis de l'orientalisme, disséminés les uns et les autres sur tous les points de la Province et à Paris.

Il poursuit donc un but analogue à celui de l'*Institut des provinces de France*, mais avec cette différence capitale qu'il n'a pour objectif qu'une action sur des personnalités isolées, dont les travaux n'ont pas de chaires pour se manifester, tandis que l'Institut des provinces de France opère non-seulement sur les particuliers, mais surtout sur les Sociétés académiques qui sont, elles-mêmes, des chaires de professorat, d'études et de propagande scientifiques et littéraires.

Le Congrès provincial des Orientalistes poursuit, également, le même objet que la *Réunion des Délégués des Sociétés savantes des départements* que le Ministère de l'Instruction publique convoque annuellement à Paris, à la Sorbonne.

Cependant, il ne fait ni double emploi ni concurrence, soit avec l'œuvre gouvernementale, soit avec l'œuvre privée. Le programme de l'Institut des provinces de France est partagé, en effet, en cinq sections (1), ne présentant naturellement que la synthèse des programmes des Sociétés savantes départementales : il n'a rien prévu pour l'orienta-

---

(1) *Première section.* — Physique. Chimie. Mathématiques. Astronomie. Météorologie. Minéralogie. Géologie. Paléontologie. Botanique. Zoologie.

*Deuxième section.* — Anthropologie. Médecine. Chirurgie. Pharmacie.

*Troisième section.* — Agriculture. Horticulture. Apiculture. Industrie. Commerce.

*Quatrième section.* — Archéologie. Paléographie. Numismatique. Histoire.

*Cinquième section.* — Philosophie. Economie sociale. Jurisprudence. Linguistique. Littérature. Sculpture. Gravure. Peinture. Musique.

lisme. Les matières traitées par l'orientalisme n'ont, d'un autre côté, aux réunions de la Sorbonne, qu'une simple hospitalité exceptionnelle et gracieuse dans l'une des trois sections (1) ; mais il convient surtout de mentionner que la plupart des Délégués des Sociétés savantes s'y intéressent peu ou point (2).

Il devenait donc indispensable qu'une autre chaire spéciale essayât de procurer aux études ayant l'Orient et l'Extrême-Orient pour objet, les mêmes avantages accordés par ces deux grandes œuvres rivales aux études archéologiques, historiques, scientifiques et littéraires, ayant seulement la France pour objectif.

Le Congrès provincial des Orientalistes est donc une *institution spéciale d'encouragement et de publicité* créée en faveur d'une des branches de la science, institution née de la nécessité de sauvegarder des intérêts actuellement considérables et qui augmentent journellement.

## Création du Congrès provincial des Orientalistes.

C'est à Londres, en septembre 1874, pendant la *Session du 2ᵐᵉ Congrès international des Orientalistes*, que M. de Ravisi conçut le projet d'organiser en France un Congrès provincial des Orientalistes. (3)

---

(1) Histoire ; archéologie ; sciences.

(2) M. de Ravisi tient à relater qu'il a toujours eu à se louer *personnellement* de la bienveillance et de l'intérêt que la Direction des sciences et lettres, et que le Comité des travaux historiques et des Sociétés savantes ont bien voulu lui témoigner à propos de ses *Études hindoues* (Krichna, 2 avril 1869 ; architecture hindoue, 21 avril 1870), etc. etc.

(3) Le baron Textor de Ravisi assistait au Congrès de Londres en qualité de Délégué du comité central britannique d'organisation.

L'autre Délégué en France était M. E. Madier de Montjau, président de la Société américaine et secrétaire général de l'Institution Ethnographique.

Voici dans quelles circonstances :

La grande œuvre scientifique fondée à Paris, en 1873, par *M. Léon de Rosny*, professeur de Japonais à l'école spéciale des langues orientales vivantes, était acceptée avec faveur par les Orientalistes anglais. Les deuxièmes assises du Congrès international des Orientalistes se tenaient à Londres, sous la présidence du docteur S. Birch, avec le concours des illustrations britanniques dans les sciences orientales. Les principaux Orientalistes de l'Europe s'y étaient donné rendez-vous. Les candidatures de Saint-Pétersbourg, de Florence, de Berlin étaient présentées aux suffrages de l'Assemblée pour le choix du siége du troisième Congrès. L'œuvre internationale, dont la France avait pris l'initiative, obtenait la haute sanction de l'Europe savante et le public britannique consacrait la sympathie que le public français lui avait accordée.

Un soir, le docteur S. Birch avait invité à prendre le thé MM. les professeurs Leipsius et de Rosny, ainsi que M. de Ravisi. Le savant docteur avait courtoisement discuté les systèmes et les théories des deux grands sinologues et japonistes allemand et français. M^lle Charlotte Birch (1), de son côté, avait mis très-agréablement la discussion sur leurs principaux ouvrages ; enfin, la conversation tomba sur l'œuvre même du Congrès.

M. de Ravisi fit, alors, l'éloge du brillant tournoi scientifique et littéraire de Londres, qui continuait si dignement celui de Paris. M. de Rosny expliqua les sérieux avantages des congrès internationaux pour la science comme pour les Orientalistes eux-mêmes.

---

(1) M^lle Charlotte Birch s'est livrée avec distinction aux études japonaises et chinoises.

M. Leipsius fit remarquer que, depuis de longues années, plusieurs grands centres allemands avaient des Congrès d'Orientalistes, et que c'est à eux qu'il fallait attribuer le goût et les progrès des études orientales en Allemagne.

M. de Ravisi exprima l'opinion qu'il était nécessaire, pour que les Congrès *internationaux* produisissent leurs meilleurs fruits, qu'ils fussent préparés par des Congrès *nationaux*. Quant à ces derniers, il fallait *qu'ils devinssent militants et vulgarisateurs, utiles et pratiques, s'ils voulaient remplir leur mission.*

Rentrés à leur hôtel, MM. de Rosny et de Ravisi continuèrent à s'entretenir de la question des futurs congrès nationaux. Ils revinrent plusieurs fois sur cet intéressant sujet, M. de Ravisi, développant son idée qu'il fallait que ces Congrès *sortissent résolûment de la voie des traditions académiques actuelles* et qu'à l'invers des Congrès allemands ils fussent davantage pratiques plutôt que spéculatifs. Enfin, M. de Rosny engagea M. de Ravisi à organiser en France un Congrès d'Orientalistes.

M. de Ravisi objecta que la chose était impossible, si, au préalable, il n'avait pas un point d'appui ; or, qu'il ne savait où le prendre. Ce n'était pas, assurément, ni au Collège de France, ni à l'Ecole des langues orientales vivantes qu'il pourrait frapper, et pas davantage à la Société Asiatique, bien qu'il en fût membre, en présence de l'attitude très-équivoque que ces deux Institutions et que cette Société avaient tenue vis-à-vis les Congrès de Paris et de Londres. Quant à la Société d'Ethnographie, malgré sa chaude et effective sympathie pour les Congrès, elle ne pourrait rien elle-même, attendu que sa section orientale (*l'Athénée Oriental*), était en dissolution.

M. de Rosny offrit, alors, de reconstituer l'Athénée Oriental (1), et M. de Ravisi, qui en était le sous-directeur, annonça tout aussitôt aux Orientalistes français présents à Londres, qu'il *tenterait d'organiser un Congrès* NATIONAL, *qui serait l'application de l'œuvre* INTERNATIONALE.

L'Athénée Oriental fut, en effet, reconstitué par M. de Rosny. La Société fit à M. de Ravisi l'honneur de l'élire Président-Directeur pour 1875 ; puis, dans sa session de Levallois-Paris, elle émit le vœu qu'un Congrès provincial fût tenu sous la présidence de M. de Ravisi.

Le Congrès des Orientalistes a donc deux manifestations distinctes ;

L'une *internationale* :

| | | |
|---|---|---|
| 1873. PARIS, | 1<sup>re</sup> session ; | |
| 1874. LONDRES, | 2<sup>e</sup> session ; | |
| 1876. SAINT-PÉTERSBOURG, | 3<sup>e</sup> session ; | |
| 1878. FLORENCE, | 4<sup>e</sup> session. | |

Et l'autre *nationale* :

| | | |
|---|---|---|
| 1875. SAINT-ETIENNE, | 1<sup>re</sup> session ; | |
| 1876. MARSEILLE, | 2<sup>e</sup> session ; | |
| 1878. LYON, | 3<sup>e</sup> session. | |

Il était naturel et logique qu'un même COMITÉ NATIONAL DU CONGRÈS DES ORIENTALISTES fût constitué pour unir et pour diriger, en France et à l'étranger, les deux parties de l'œuvre. Malheureusement ce Comité ne put fonctionner, s'étant trouvé aux prises, dès l'origine, avec l'indifférence des uns, l'hostilité systématique des autres, et l'attitude expectative de plusieurs, à l'égard de l'œuvre elle-même. La jalousie est trop en usage dans le monde savant.

---

(1) M. Léon de Rosny était, en 1874, Président de la Société d'Ethnographie et, en même temps, Président de l'Athénée Oriental.

XVIII

Voici quelle fut la composition du Comité (1).

### Président :

Rosny (Léon DE), professeur à l'Ecole spéciale des langues orientales, président de la Société d'Ethnographie.

### Vice-Président :

Textor de Ravisi (le baron), directeur-président de l'Athénée Oriental.

### Secrétaire :

Le Vallois, capitaine du génie, orientaliste.

### Conseillers :

Boselli, juge au Tribunal civil de la Seine.

Chodzko (Alex.), professeur au Collége de France.

Delamarre (Théodore), peintre et orientaliste.

Dulaurier, membre de l'Institut, professeur à l'Ecole spéciale des langues orientales.

Foucaux, professeur au Collége de France.

Longpérier (Adrien DE), membre de l'Institut.

Maspéro, professeur au Collége de France.

Oppert (Jules), professeur au Collége de France.

Rochet (Louis), chargé de cours à l'Ecole spéciale des langues Orientales.

Sédillot, secrétaire du Collége de France.


## Réglementation définitive.

L'œuvre du Congrès provincial des Orientalistes français est encore à la recherche de sa *réglementation définitive* !... mais, sans s'attarder à l'attendre, elle marche réso-

---

(1) Extrait de l'Annuaire du Congrès des Orientalistes (1873 1875).

lûment. Chaque session, ayant sa liberté complète d'action, profite de l'expérience de sa devancière et fait, elle-même, son règlement particulier.

Un règlement général, reliant les sessions entre elles et conservant la tradition de l'œuvre, sortira tôt ou tard de la simple constatation des faits accomplis : ce n'est qu'une affaire de temps.

Quel est le système qui prévaudra ? Sera-t-il fédératif et décentralisateur, ou bien sera-t-il autoritaire et centralisateur ? Le Congrès aura-t-il son autonomie propre, ou sera-t-il sous la dépendance d'une autre grande institution ?

L'œuvre provinciale restera-t-elle l'apanage de l'Athénée Oriental ou formera-t-elle une nouvelle société-branche dans l'Institution Ethnographique ? Se constituera-t-elle en société provinciale sous le haut patronage du Ministère de l'Instruction publique, ou sous la haute correspondance de l'Institut de France, ou bien sous la simple direction du Comité national français du Congrès des Orientalistes ?

Le Congrès formera-t-il une quatrième section dans les Réunions à la Sorbonne des Délégués des Sociétés savantes, ou bien une sixième section dans les Congrès scientifiques de l'Institut des Provinces de France ?

C'est à la session de Lyon que cette difficile et délicate question de la *constitution définitive* sera posée, à nouveau, par M. de Ravisi, et, peut-être, y sera-t-elle résolue.

Il y a, d'après cet exposé, *huit projets* de réglementation qui peuvent se partager les opinions des promoteurs et des amis de l'œuvre provinciale.

Le *premier projet* est celui que MM. de Rosny et de Ravisi ont eu en vue dès l'origine, savoir : Sessions annuelles tenues en Province par l'Athénée Oriental avec le concours de la région ; c'est-à-dire association académique de Paris avec la Province pour les études orientales. L'Athénée Oriental a pour but, en effet, de répandre, parmi les gens du monde, le goût des études orientales.

Le *deuxième projet* serait de faire du Congrès une nouvelle société-branche dans la Société d'Ethnographie ; c'est-à-dire une Société provinciale ayant son siége à Paris, et faisant partie de cette institution par le lien fédéral. Ce serait une manifestation directe faite dans les provinces par cette institution au point de vue des études orientales, l'Athénée Oriental restant, seulement dans cette hypothèse, sa manifestation à Paris.

Les *troisième et quatrième projets* consisteraient à former le Congrès en Société provinciale fonctionnant spécialement pour les études orientales, comme le fait l'Institut des Provinces de France, sans attache du Gouvernement, pour les études en général. Cette Société serait constituée pour la fédération des anciens comités d'organisation et bureaux de chaque session, auxquels s'adjoindraient successivement les comité et bureau de chaque session nouvelle. La Société serait placée sous la direction du Comité national français des Orientalistes, selon que MM. de Rosny et de Ravisi avaient essayé de le faire dès l'origine, ou bien sous le haut patronage du Ministère de l'Instruction publique, ainsi que le demandait M. de Ravisi dans sa circulaire du 31 décembre 1875.

Le *cinquième projet* consisterait à placer le Congrès provincial des Orientalistes sous la haute direction de l'Institut de France, à titre *d'institution provinciale correspondante.* Le Congrès serait organisé annuellement par la Société académique de la ville où la session se tiendrait, société que l'Institut de France s'affilierait comme *correspondante effec-*

*tive* pendant la durée de la session, mais qui ne conserverait que le titre de *correspondante honoraire* après la clôture de la session orientale.

Le *sixième projet* serait l'autonomie complète du Congrès. L'œuvre fonctionnerait à l'instar de l'Institut des Provinces de France avec un règlement dans le sens de celui de la circulaire précitée du 31 décembre 1875, moins la dépendance d'une autorité protectrice et dirigeante.

Les *septième et huitième projets* consisteraient à faire du Congrès provincial des Orientalistes soit une 4<sup>me</sup> section dans les Réunions annuelles de la Sorbonne, ou soit une 6<sup>me</sup> section dans les Congrès scientifiques annuels de l'Institut des Provinces de France. Une section orientale manque, en effet, dans ces deux grandes réunions académiques, et c'est cette absence qui consacre particulièrement la nécessité et l'opportunité du Congrès provincial des Orientalistes.

## Institut de France. — Institut des Provinces de France. — Réunions des Délégués des Sociétés Savantes.

Quelques considérations paraissent opportunes à propos des projets concernant une future corrélation possible du Congrès provincial des Orientalistes, soit avec l'Institut des Provinces de France, soit avec les Réunions des Délégués des Sociétés Savantes ou soit avec l'Institut de France. Ce qui concerne l'Institution Ethnographique est davantage connu et trouve, du reste, son développement naturel dans le courant de ce compte-rendu.

L'INSTITUT DE FRANCE n'est autre que *la fédération des anciennes académies de Paris.* Il se compose actuellement

de cinq sections : Académie Française, Académie des Inscriptions et Belles-Lettres, Académie des Sciences, Académie des
Beaux-Arts et Académie des Sciences morales et politiques.

En 1795, bon nombre d'Académies des Provinces étaient
affiliées aux Académies de Paris, et plusieurs ne leur cé-
daient point le pas.

L'Institut de France s'est nommé un certain nombre de
*correspondants particuliers* dans les Provinces, pourquoi
n'aurait-il pas, dans le même ordre d'idées qui lui a fait
sentir cette nécessité, des *correspondants collectifs*, c'est-
à-dire des Sociétés savantes correspondantes ?

La vie académique, surtout dans les Provinces, manque
en France d'unité et de mouvement : aussi les niveaux de la
science et de l'érudition françaises, sont-ils, en réalité, très-
inférieurs à ceux que l'opinion nationale se plaît à leur assi-
gner, et, en tout cas, sont-ils très-inférieurs au degré qu'ils
atteindraient assurément, si les efforts collectifs et privés
étaient mieux dirigés et mieux encouragés. Seul, *l'Institut
de France a mandat et autorité pour constituer, diriger
et encourager l'association académique entre Paris et les
Provinces.*

Pourquoi s'est-il abstenu ?

Il ne nous appartient pas d'aborder cette délicate
question.

Cette abstention de l'Institut de France a eu pour résultat
naturel, *entre autres*, la création en 1833, ou plutôt en 1839,
de l'œuvre de l'Institut des Provinces de France ;
*c'est-à-dire la manifestation fédérative des Sociétés aca-
démiques des Provinces.* Cette grande institution privée a
tenté résolûment ce que la haute institution gouvernementale négligeait de faire.

En vain, le Ministère de l'Instruction publique *(Division*

*des Sciences et Lettres)*, justement ému de l'initiative et de la prépondérance que prenait l'Institut des Provinces de France, a-t-il créé (et mis sous sa direction directe) les Réunions annuelles des Délégués des Sociétés savantes des départements. C'est une très-utile et très-belle institution qui a réalisé tout le bien possible dans le cadre qui lui était assigné. Elle a principalement aidé à l'étude sérieuse des Annales, des Institutions, de la Littérature et des Antiquités nationales. Mais, objectent tout bas les pessimistes et les esprits chagrins (ils sont toujours nombreux chez les savants), cette institution constate le mouvement et ne le donne pas ; elle récompense les travaux et ne les dirige pas Les encouragements et les récompenses qu'elle décerne (qui sont la juste et noble ambition des travailleurs des Provinces), manquent, d'un autre côté, de la sanction académique qui leur donnerait la suprême valeur, c'est-à-dire *de l'approbation de l'Institut de France, la seule qui fasse autorité, sans conteste, dans le monde savant.*

Dès l'origine, le Ministère, lui-même, avait constaté le vice primordial de son institution. Aussi a-t-il voulu constamment en pallier les conséquences en composant, le plus possible, le Comité des récompenses et les Bureaux des Réunions avec des membres de l'Institut de France.

Mais c'est l'Institut de France, *lui-même*, non pas quelques-unes de ses personnalités (quelque illustres qu'elles soient), qui devrait diriger les Réunions des Délégués des Sociétés savantes. Ce n'est pas seulement pendant le cours de quelques séances, tenues annuellement à la Sorbonne, que l'action devrait se faire sentir, mais en permanence et sur toutes les Sociétés académiques de Paris et des Provinces.

On avait prédit que *l'œuvre de M. de Caumont* mourrait avec lui. Il n'en a rien été. Elle grandit au contraire... M. le comte de Toulouse - Lautrec, directeur-général , M. Druilhet-Lafargue, secrétaire-perpétuel et MM. les directeurs provinciaux ont su lui donner une nouvelle impulsion par leur activité et par leur dévouement éclairés. L'existence d'une institution qui répond à un réel besoin public est assuré tant que ce besoin subsiste.

L'Institut des Provinces de France a consacré l'*Union des Sociétés savantes des Provinces de France*, par l'organisation de 43 sessions du *Congrès scientifique* (1833-1877) dans 43 départements ; de 25 Congrès des Délégués des Sociétés savantes à Paris (1852 à 1877), et de 78 tenues d'*Assises scientifiques ;* par la publication de 93 volumes de *Comptes-rendus* des Congrès et de 31 volumes d'*Annuaire* des Sociétés savantes.

Le 28ᵉ et le 29ᵉ volume de l'*Annuaire* forment deux parties de 1,000 à 1,200 pages chacune ; il renferme les *Notices historiques sur les Sociétés et les Institutions scientifiques de France* et se publie par fascicules.

L'Institut des Provinces de France publie bi-mensuellement la *Chronique des Sociétés savantes*, qui contient : Communications administratives ; — Travaux des Sociétés savantes ; — Concours et Comices agricoles ; — Congrès ; — Concours et prix ; — Expositions ; — Revue bibliographique ; — Bibliothèques, Musées et Jardins botaniques organisés par des comités, etc., etc.

Les Réunions des Délégués des Sociétés savantes organisées à la Sorbonne par le Ministère de l'Instruction publique n'ont pas permis à l'Institut des Provinces de France de continuer ses Congrès des Délégués des Sociétés savantes à *Paris*. Ils ont cessé de fonctionner en 1871, et, depuis

1875, il n'y a eu qu'une seule *Assemblée générale* des membres de la grande association scientifique *provinciale*.

La RÉUNION DES DÉLÉGUÉS DES SOCIÉTÉS SAVANTES et des professeurs des départements en est à ses seizièmes assises scientifiques. Elles auront lieu à la Sorbonne, à Paris, au mois d'avril 1878. Selon le programme ordinaire, des lectures et des conférences publiques y seront faites. Le Ministre de l'Instruction publique présidera la séance générale, dans laquelle seront distribués les récompenses et encouragements aux sociétés et aux savants qui auront contribué le plus efficacement aux progrès de l'histoire, de l'archéologie ou des sciences.

L'époque actuelle est aux Expositions et aux Congrès de toutes sortes. Ces luttes pacifiques sont un des signes du grand mouvement intellectuel qui s'accomplit en France dans tous les ordres d'idées. Heureux les peuples dont les gouvernans, qui, sans négliger le « *si vis pacem para bellum* », se préoccupent plutôt de diriger leurs forces vives d'expansion vers les arts et les sciences que vers les aventures, ou du côté de la guerre.

### Session de Saint-Etienne.

Le compte-rendu de la Session de Saint-Etienne montrera l'actif concours que M. de Rosny (dès l'origine), a bien voulu prêter à M. de Ravisi, comme aussi l'intelligente collaboration que M. le Mansois du Prey (à partir du 2 mars 1875), et l'assistance efficace que les docteurs Maurice et Michalowski et MM. Burdeau et Faure (à partir du 1er mai 1875), ont bien voulu également lui accorder. Sans leur effective et gracieuse participation, sa téméraire entreprise fût restée à l'état de généreuse et platonique utopie, et elle n'eût abouti qu'à un insuccès pratique.

La liste générale des membres de la Session de Saint-Etienne (1) se décompose de la manière suivante :

I. Dames patronnesses. . . . . . . . . . . . . 33
II. Membres de Saint-Etienne. . . . . . . . . . 202
III. d° de Lyon. . . . . . . . . . . . . . 32
IV. d° de Paris. . . . . . . . . . . . . 72
V. d° des Départements. . . . . . . . . 64
VI. d° des Colonies françaises. . . . . . . 11
VII. d° de l'Étranger . . . . . . . . . . . 42
_______
Total. . . . . . . . . . . . . 456

Une liste *supplémentaire* sera publiée à la fin du volume. Elle comprendra les noms des membres dont l'adhésion n'est arrivée qu'après la clôture de la Session (25 octobre 1875), ceux de plusieurs hauts personnages français et étrangers, dont l'acceptation avait besoin d'être confirmée avant d'être publiée, et les noms, enfin, des nouveaux souscripteurs à la publication de ce compte-rendu.

La Session Inaugurale de Levallois-Paris, tenue sous la présidence de M. Léon de Rosny, a eu une valeur scientifique sérieuse, et a été acceptée comme telle par le monde savant par la variété et l'importance de ses travaux. La Session de Saint-Etienne s'est efforcée de marcher dans la voie qui lui était tracée. Les deux exposés suivants donnent les noms des membres qui ont fait des communications orales ou écrites. On y relève beaucoup de noms avantageusement connus dans l'orientalisme et plusieurs y faisant autorité.

_______

(1) Voir pages 39 et suivantes.

*Membres qui ont pris la parole.*

SAINT-ETIENNE : Burdeau, Carvès, Chapelle, Cros (C.), Dally, Faure, Georges (P.), Gonnard, Hutter (père), Jalabert, Le Mansois du Prey, Maurice, Michalowski, Phillippon (dit *Babochi*), Porte (E.), Schull, Sismonde, Tézenas du Montcel, Textor de Ravisi, Valentin, Varinard, Veisaz.

PARIS : Delaporte, Doudart de la Grée, Lévy-Bing, Madier de Montjau, Ratte, de Rosny (L.), Thorel, de Villemereuil.

DÉPARTEMENTS : Bellin (G.), Chabas, Dareste de la Chavanne, Desgrand (L.), Druilhet-Lafargue, Guimet (E.), Milsons.

COLONIES : Aymonier.

*Membres qui ont envoyé des travaux.*

SAINT-ETIENNE : Birou, Bourgaud, Burdeau, Carvès, Chapelle, Clapeyron, Cros (C.), Dally, Dupuis (J.), Escoffier (F.), Faure, Jalabert, Gonnard, Huvey, Le Mansois du Prey, Luquet, Maurice, Michalowski, Philippon (dit *Babochi*), Porte (E.), Schull, Tézenas du Montcel, Textor de Ravisi, Varinard etc., etc.

PARIS : Bonnetty, Broca, Burnouf, Cahun, Castaing, Chavée, Chodzko (A.), De Croizier, Delaporte, Duchâteau, Dulaurier, Feer (L.), Foucaux, Garcin de Tassy, Geslin, Hervet, Lévy-Bing, Madier de Montjau (E.), Marre, Michon, Nibelle, Ratte, De Rosny (L.), Sarazin (F.), Schwab (M.), Sédillot, Servant (A.), Schoebel, Summer (Mary), Thorel, etc., etc.

DÉPARTEMENTS : Adam (Lucien), D'Anselme de Puisaye, Barbier, Bellin (G.), Caffarana, Chabas, Champon, Desgrand (L.), Druilhet-Lafargue, Dupond (A.), Fayard, Fesquet,

Guimet (E.), De Marsy, Martin, Milsons, Ricque , Saint-Aignan , Sécrétan , Sequelin (F.), Sommervoyel, Tenougi, **T.** de Ravisi (E.), Ricque (C.), Vinson (J.), etc., etc.

Colonies : Aymonier , Burthey , Hecquet , Houdas, Savarayalounaïker, etc., etc.

Etrangers : Behrnauer (Walter), Birch (Charlotte), Clarke (Hyde), Elliot, (Walter), Filipucci, De Grati, Holmboc, Imamura-Warav, Mougeol, De Zelinski, Soliman-al-Harairi, etc., etc.

En outre de l'importance, de la variété et du nombre de ses travaux, la Session de Saint-Etienne marquera dans les annales de l'Orientalisme par les quatre faits suivants d'*ini-tiative :*

1° D'avoir été la *première Session du Congrès provincial des Orientalistes français*, et d'en avoir posé et appliqué les bases et les principes;

2° D'avoir été l'heureuse promotrice de deux nouvelles branches d'études orientales : *l'Art Khmer* et *l'Ethnographie du Cambodge* (3$^{me}$, 5$^{me}$ et 7$^{me}$ séances);

3° D'avoir été le premier Congrès académique ayant fait *appel au commerce et à l'industrie* pour chercher à utiliser à leur profit les connaissances de l'Orientalisme (6$^{me}$ et 9$^{me}$ séances ;

4° D'avoir été le premier Congrès académique ayant nettement formulé, par des *vœux motivés*, ce qui devait être fait plus particulièrement pour répondre aux besoins et aux aspirations de l'Orientalisme français (12$^{me}$ séance.

Bien que bon nombre des savants parisiens ne soient que

des provinciaux, dont beaucoup ont à peine droit de cité, Paris traite de très-haut avec les savants de la Province. La Province, de son côté, acceptant moins que jamais cette peu courtoise attitude, un dualisme constant se révèle dans toutes les questions, notamment dans celles qui ont trait aux *décentralisations quelconques*.

Les adversaires parisiens de l'œuvre provinciale, comme il était naturel, ont été nombreux et leurs attaques ont été vives, mordantes et spirituelles ; mais les ripostes n'ont pas été inférieures, et, comme le fond et la vérité de la situation étaient de leur côté, les Béotiens l'ont emporté une fois de plus sur les Athéniens.

Les discussions s'oublieront, et les hommes disparaîtront plus rapidement encore ; *mais l'œuvre publique restera* : institution fondée non-seulement selon l'*ancien goût académique*, c'est-à-dire le développement de l'Orientalisme au profit seulement de quelques savants privilégiés et du haut public érudit ; mais répondant encore à *la grande tendance publique* actuelle, c'est-à-dire d'être vulgarisatrice et décentralisatrice, applicable et pratique ; d'être utile et profitable, enfin, à la majorité et non plus à la minorité des savants, comme aussi à la majorité et pas seulement à la minorité des amis et des intéressés de la science et du progrès.

Un certain nombre de lettres de hauts personnages et aussi de plusieurs maîtres faisant autorité dans l'Orientalisme, seront publiées au chapitre CORRESPONDANCE. Elles témoigneront, en effet, des honorables et chaudes sympathies dont l'œuvre et son Président ont été l'objet. Elles montreront, aussi, que plusieurs célébrités orientalistes, qui étaient réputées avoir été hostiles, ont témoigné au contraire de leur adhésion, de leur sympathie, ou tout au moins de leur *laissez-passer* pour l'œuvre provinciale.

XXX

Nous ne citerons, ici, qu'une lettre, celle de feu M. J. Mohl, parce qu'elle établit très-nettement la *scission profonde* qui existe dans l'Orientalisme entre la vieille école et la nouvelle école, au sujet des Congrès, c'est-à-dire entre la *Société Asiatique et la Société d'Ethnographie*.

« Vous entreprenez, a-t-il écrit à M. de Ravisi, une œuvre que certains trouveront fort belle, et qui aura, peut-être, pour résultat de faire connaître l'Orientalisme à des gens qui, sans votre Congrès, seraient restés totalement étrangers à ce genre d'études. Libre à vous. *Vous êtes des* MISSIONNAIRES *et des* FRERES-PRÊCHEURS ; *moi, je suis du clergé sédentaire et je ne puis vous suivre dans cette voie.* »

Ces qualifications de « *missionnaires et de frères-« prêcheurs de l'Orientalisme* », décernés aux Congrès provinciaux par un homme de la haute valeur de M. Mohl et qui a exercé une si grande influence sur l'Orientalisme français, sont les plus sérieux et les plus honorables auxquels ils pouvaient prétendre. (1) Il leur reste, maintenant, à continuer de les mériter.

*Le Président*
*de la 1<sup>re</sup> Session du Congrès provincial*
*des Orientalistes français :*

B<sup>on</sup> TEXTOR DE RAVISI.

---

M. de Ravisi, (membre de la Société Asiatique, 1869), a prononcé à la session de Marseille (1876) un éloge de JULES MOHL, Président de la Société Asiatique et Membre de l'Institut, et, également, les éloges de J.-M. CALLÉRY, sinologue et de FÉLICIEN DAVID, compositeur, membre de l'Institut.

Aux sessions de Levallois-Paris et de Saint-Etienne, la *Nécrologie* des principaux orientalistes décédés dans le courant de l'année, avait été également l'objet de communications.

# ANNUAIRE

DE LA

## Première Session

DU

## CONGRÈS PROVINCIAL DES ORIENTALISTES FRANÇAIS

## SAINT-ÉTIENNE

1875

La première Session du Congrès provincial
des Orientalistes ayant eu lieu par l'initiative
et sous la direction de l'Athénée Oriental,
société-branche de la Société d'Ethnographie, il
y a lieu de donner non-seulement les renseignements ordinaires qui constituent les Annuaires
(*Statuts*, *personnel*, etc.), en ce qui concerne la
Session de Saint-Etienne, mais encore ceux qui
intéressent également l'Athénée Oriental, la Session Inaugurale et l'Institution Ethnographique.

# STATUTS

DE LA

# SOCIÉTÉ D'ETHNOGRAPHIE

(28 SEPTEMBRE 1864).

ARTICLE. 1. — **La Société d'Ethnographie** *est instituée dans le but de contribuer aux progrès des sciences ethnographiques* (1).

ART. 2. — La Société se compose de membres titulaires, d'associés étrangers et de correspondants.

ART. 3. — Le nombre des membres titulaires et des correspondants est illimité ; celui des associés étrangers est fixé à 40.

ART. 4. — Pour être admis dans la Société, on devra être présenté par deux membres titulaires et élu au scrutin secret, à la majorité absolue des suffrages des membres présents.

ART. 5. — Les membres titulaires sont seuls éligibles aux fonctions actives de la Société.

ART. 6. — Le bureau se compose : 1° d'un président, à titre honoraire ; 2° d'un président, qui prend le titre de président de la Société ; 3° de deux vice-présidents ; 4° d'un secrétaire-perpétuel ; 5° d'un secrétaire-adjoint ; 6° d'un trésorier ; et 7° d'un secrétaire-archiviste et conservateur des collections de la Société.

---

(1) C'est en exécution de cette disposition que la Société a constitué dans son sein des *sections* dans le but de s'occuper d'une manière spéciale de l'une des branches de l'Ethnographie. Les sections ont leurs règlements particuliers qui ne peuvent être en désaccord avec les présents Statuts de la Société d'Ethnographie, approuvés par le Ministère de l'Instruction publique.

Art. 7. — Le Conseil se compose des membres du bureau et de neuf autres membres élus tous les trois ans par l'assemblée générale.

Art. 8. — La Société nomme, chaque année, une Commission chargée d'examiner les comptes du trésorier.

Art. 9. — La Société élit, chaque année, plusieurs commissions permanentes, scientifiques ou administratives dont les membres sont indéfiniment rééligibles.

Art. 10. — Les membres titulaires doivent, chaque année, une cotisation de 30 fr. La somme est versée entre les mains du trésorier.

Art. 11. — La Société se réunit au moins deux fois par an en assemblée générale. Le nombre des séances du Conseil est indéterminé.

Art. 12. — La séance publique de la Société a lieu chaque année, au plus tard au mois de février. On y procède à l'élection du Bureau et du tiers sortant des membres du Conseil.

Art. 13. — La Société publie un compte-rendu de ses séances et des Mémoires.

Art. 14. — La Société dépose dans sa Bibliothèque, dans son Musée ou dans ses Archives, les livres, curiosités ou pièces diverses qui lui sont adressés en don.

Art. 15. — Aucune révision des Statuts ne pourra être décidée par le Conseil que sur la proposition de tous les membres du Bureau, appuyée par un vote des deux tiers des membres de l'Assemblée générale convoqués à domicile pour décider de l'opportunité de la proposition.

---

Les Sections dont se composait la SOCIÉTÉ D'ETHNOGRAPHIE, en 1875, étaient : LA SECTION ETHNOGRAPHIQUE, la Section orientale ou ATHÉNÉE ORIENTAL, la Section occidentale ou SOCIÉTÉ AMÉRICAINE.

---

# STATUTS

DE

# L'ATHÉNÉE ORIENTAL

## (Extraits de l'Annuaire de 1874). (¹)

### I. — *But de l'Athénée.*

ARTICLE 1ᵉʳ. — **L'Athénée Oriental** *est institué pour propager le goût des études relatives à l'Orient, notamment dans les provinces et dans les colonies françaises.*

Il entretient des relations avec les Sociétés savantes et avec les Orientalistes des deux continents, dans le but de contribuer au progrès de ses études.

ART. 2. — Il organise, dans ce but, des Sessions extraordinaires d'une durée maximum de huit jours, qui ont lieu dans les principales localités de la province et des colonies, à certaines époques déterminées, six mois au moins à l'avance, par son Conseil d'Administration.

### II. — *Composition de l'Athénée.*

ART. 3. — L'Athénée se compose de membres titulaires, de membres correspondants et de membres associés.

ART. 4. — Le nombre des membres titulaires est limité à cinquante-six. Le nombre des membres des autres classes est illimité.

---

(1) Ce règlement n'est autre que celui du 8 juin 1866, complété et révisé dans ses détails, en vue des *Sessions du Congrès provincial des Orientalistes.*

Art. 5. — L'association est administrée, pendant la durée des sessions extraordinaires, par un Conseil élu par l'assemblée générale de l'Athénée ; et, pendant le temps qui précède ou suit ces cessions, par un Comité central de neuf membres élu par les membres titulaires.

Art. 6. — Pendant les Sessions extraordinaires, le bureau de la Société se compose d'un président, élu l'année précédente par l'Assemblée générale, et auquel il appartient de constituer le bureau de la Session ou d'en diriger les travaux.

Dans l'intervalle de ces sessions, le bureau de l'Athénée se compose d'un directeur, d'un directeur-adjoint, d'un secrétaire-général, d'un secrétaire-archiviste et d'un trésorier, élus par les membres titulaires, chaque année, au mois de décembre.

### III. — *Administration financière.*

Art. 7. — Toutes les sommes perçues pour le compte de l'Athénée seront l'objet de quittances détachées d'un registre à souche ; toutes les dépenses seront ordonnancées et payées contre la présentation de mandats imprimés, suivant la formule arrêtée par le Comité central.

Art. 8. — Le directeur a, seul, la signature sociale pour le placement, retraits de fonds, achats de titres, arbitrages, etc. Il peut déléguer son pouvoir à un membre du bureau. Pour justifier de ce titre, le membre titulaire de l'Athénée qui en sera investi n'aura qu'à présenter la dernière publication de la Société, où sera mentionnée sa nomination.

Art. 9. — La Société établit un fonds libre pour ses dépenses courantes, et un fonds de réserve qui est déclaré inaliénable, et avec lequel elle acquerra des titres de rentes sur l'État, sur les villes ou sur les grandes compagnies industrielles garanties par l'État.

ART. 10. — Le fonds de réserve se compose de toutes les sommes versées, comme droit d'entrée, par les membres titulaires ou correspondants, des dons spécialement destinés à ces fonds, et des droits de diplômes ou de médailles dont la Société pourra décider la perception.

Le fonds libre se composera des cotisations annuelles des membres associés et de toutes les recettes éventuelles non mentionnées dans le paragraphe précédent.

IV. — *De l'élection des membres.*

ART. 11. — Les cinquante-six membres titulaires de fondation seront admis définitivement, après avoir versé une somme acceptée par les premiers souscripteurs à titre de don au fonds de réserve de la Société. Un titre de membre à vie leur sera délivré à la suite de l'acceptation de ce don. Ils n'auront point à payer de cotisation annuelle.

ART. 12. — Les membres correspondants de fondation sont admis, après avoir versé préalablement une somme de 25 francs au fonds de réserve de la Société.

ART. 13. — Les membres associés payent seulement une cotisation de 10 francs, leur donnant droit de participer aux travaux et de recevoir les publications de la Session extraordinaire pour laquelle ils ont souscrit.

Les membres titulaires et les membres correspondants peuvent participer aux travaux des Sessions extraordinaires sans acquitter cette cotisation ; mais ils ne reçoivent les publications de ces sessions qu'autant qu'ils auront retiré des mains du président une carte spéciale dont le prix est fixé pour eux à 6 francs.

ART. 14. — Lorsqu'une vacance viendra à se produire dans la liste des membres titulaires, ces derniers pourront la remplir en choisissant le membre correspondant de l'Athénée qui leur semblera le plus digne de cette faveur.

Lorsqu'une vacance viendra à se produire dans la liste

des membres correspondants, les membres titulaires et les membres correspondants réunis éliront un savant étranger à la Société pour la remplir.

Les membres élus, dans ces conditions, ne seront tenus à aucune cotisation.

### V. — *Des Règlements Particuliers et de la Révision des Statuts.*

ART. 15. — Des Règlements Particuliers seront arrêtés par le Comité central, assisté des délégués de la future Session, à l'effet de régler toutes les questions non prévues dans les Statuts, et notamment de fixer les conditions dans lesquelles les présents Statuts pourront être modifiés à l'avenir.

# Congrès provincial des Orientalistes

## RÈGLEMENT GÉNÉRAL DES SESSIONS
### (26 décembre 1874).

Article 1er. — Le Congrès provincial des Orientalistes a pour but de contribuer au progrès des études relatives à l'Asie, tout en s'occupant, aussi, de l'Océanie et de l'Afrique, de répandre et de vulgariser le fruit de ces études en province et dans les colonies françaises.

Il prépare, en outre, des travaux pour être soumis à l'Assemblée générale du Congrès international des Orientalistes.

Art. 2. — Feront partie de ce Congrès et auront droit au Compte-rendu imprimé de ses travaux toutes les personnes qui feront la demande d'une carte de membre, et adresseront la somme de 10 francs, montant de la cotisation de chaque session.

Art. 3. — Durant la période qui précédera l'ouverture de chaque Session, il sera institué, dans la ville où devra se réunir le Congrès, un comité d'organisation, lequel sera installé par le président de la Session élu par le précédent Congrès.

Art. 4. — Le comité local d'organisation devra être constitué dans les trois mois qui suivront la clôture de la Session précédente, et l'époque de la nouvelle Session devra être notifiée à tous les présidents des Sessions précédentes, au plus tard le 31 décembre de l'année où se sera réuni le dernier Congrès.

Faute de cette notification, le Comité central de l'Athénée Oriental devra fixer, lui-même, le lieu et la date de la réunion pour la prochaine Session.

Art. 5. — Le Comité local est chargé de centraliser les adhésions, de délivrer les cartes de membres, de publier et de distribuer à l'avance le programme des séances, et de prendre les soins matériels nécessaires pour l'organisation et la tenue des séances.

Art. 6. — A l'ouverture de la Session, les membres procèdent à l'élection définitive du Bureau et du Conseil. Cette élection ne comprendra pas celle du président *élu durant la Session précédente*, ni celle du trésorier qui sera nommé par le président.

Art. 7. — Le Conseil de la Session provinciale se composera de la réunion des bureaux, savoir : bureau de l'Athénée Oriental, bureau de la Session et bureau des diverses Séances.

Art. 8. — Le Conseil statue seul sur toutes les questions administratives durant la Session et décide des questions et incidents qui doivent être soumis aux votes de l'Assemblée.

Art. 9. — A la dernière séance, l'Assemblée entend la lecture d'un Rapport sur les comptes financiers de la Session, lesquels, néanmoins, ne pourront être clos qu'après la publication du Compte-rendu des travaux. — Elle désigne, en outre, la localité où se tiendra la Session suivante, et élit le président de cette Session.

Art. 10 — Des délégués régionaux français et étrangers seront élus par le Congrès ou par le Comité central. Ces délégués conservent leurs fonctions pour les Sessions successives, à moins que le Comité central juge nécessaire de procéder à leur renouvellement.

Art. 11. — La publication du Compte-rendu de chaque Session est confiée au Comité local.

Art. 12. — Une fois toutes les dépenses de la Session et de ses publications soldées, le reliquat en caisse sera porté à l'actif de la Session suivante et versé entre les mains de son trésorier, qui en donnera quittance.

Art. 13. — Les livres, manuscrits ou autres objets offerts au Congrès durant une Session seront acquis à la ville où cette Session sera tenue.

Art. 14. — Chaque Session provinciale fait, elle-même, son règlement local en se conformant, toutefois, aux principes du présent règlement et à ceux des statuts de l'Athénée Oriental.

Ce règlement est préparé par la Commission locale d'organisation et ne devient définitif qu'après la double approbation du Comité central de l'Athénée Oriental et de l'Assemblée générale des membres souscripteurs de la Session locale.

## ASSOCIATION DES ORIENTALISTES

Le 12 novembre 1875, la *Commission exécutive de Paris* a rendu la décision suivante, approuvée le 15 novembre 1875 par le *Conseil d'administration*, puis par la *Société d'Ethnographie* dans son assemblée générale annuelle, qui vise les statuts et règlements ci-dessus.

« Les Comités ou Commissions établis antérieurement dans le sein de la *Section orientale de la Société d'Ethnographie* sont et demeurent suspendus, à la seule exception de la *Commission exécutive*.

« La Commission provinciale du Congrès des Orientalistes (ancien Athénée Oriental) prendra désormais le titre de :

ASSOCIATION DES ORIENTALISTES *pour la décentralisation des études asiatiquee, africaines et océaniennes en France.* »

*L'Association des Orientalistes* est redevenue l'ATHÉNÉE ORIENTAL. M. le Président a été, en 1877, M. Castaing et le président élu pour 1878 est M. Lesouëf.

# Congrès provincial des Orientalistes

## RÈGLEMENT

### DE LA SESSION DE SAINT-ÉTIENNE (Loire).

(1<sup>re</sup> SESSION PROVINCIALE)

### 1875

ARTICLE 1<sup>er</sup>. — La première Session provinciale du Congrès des Orientalistes aura lieu à Saint-Etienne et durera sept jours (du 19 au 25 septembre 1875). (1)

La Présidence honoraire de la Session sera offerte à M. le Préfet de la Loire.

ART. 2. — Jusqu'à cette époque, il y aura tous les vendredis des séances préparatoires, qui seront consacrées à l'organisation de la Session.

Elle se tiendront aux lieux successivement indiqués par le Président.

Le programme de ces séances préparatoires sera le suivant :

---

(1) La session a été remise du 19 au 25 octobre 1875.

1° Communication des lettres et adhésions, travaux et mémoires, livres et brochures, objets divers, etc., etc., venant de l'extérieur ;

2° Mêmes communications venant de l'intérieur (ou Saint-Etienne) ;

3° Communications diverses mises à l'ordre du jour par le Directeur de l'Athénée, ou par la Commission locale d'organisation de la Session provinciale.

ART. 3. — La première séance du Congrès provincial des Orientalistes à Saint-Etienne sera publique (19 septembre 1875).

L'ouverture des travaux sera offerte à la Municipalité de la ville de Saint-Etienne.

M. le Secrétaire-général de la mairie sera le secrétaire de la séance.

MM. les Conseillers municipaux, MM. les Conseillers d'arrondissement et MM. les Conseillers généraux — et les Autorités supérieures (religieuses, judiciaires, civiles et militaires) résidant à Saint-Etienne seront invités et auront des places réservées.

Le programme de la séance sera mis à la disposition de la Mairie ; — Cependant, le projet suivant lui sera soumis à titre de renseignement et de proposition :

1° Discours de M. le Maire ou de M. le Délégué de la municipalité de Saint-Etienne ;

2° Discours de l'ex-Directeur-Président de l'Athénée Oriental ;

3° Discours du Directeur-Président actuel de l'Athénée Oriental ;

4° Rapport sur les travaux de l'Athénée Oriental en 1874 par le Secrétaire-général de l'Athénée Oriental ;

5° Rapport sur les travaux de la Session de Saint-Etienne par le Secrétaire-général de la Session ;

6° Distribution de récompenses aux éditeurs et aux ouvriers de la typographie orientale.

Art. 4. — Cette séance publique sera précédée d'une séance préparatoire dans laquelle le Président (M. Textor de Ravisi) sera installé par le Président de la dernière Session inaugurale (M. Léon de Rosny), assisté du Sous-Directeur de l'Athénée Oriental (M. Lévy-Bing) ou, à leur défaut, par leurs délégués.

*Programme de la séance* : Allocution du Président de la dernière Session et installation du nouveau Président ;

Proclamation, par le nouveau Président, des noms des Membres du Conseil, du Bureau et des Commissions de la Session des Orientalistes à Saint-Etienne.

Art. 5. — La deuxième et la troisième séances seront offertes *à la Société d'agriculture, industrie, sciences, arts et belles-lettres du département de la Loire*, à Saint-Etienne.

La présidence et la composition du bureau seront à la disposition de cette Société académique.

Les mémoires et travaux envoyés pour la Session lui seront communiqués, et elle indiquera ceux qui lui conviendront pour être discutés à ces deux séances.

Cette Société académique fera, en outre, un programme des questions qu'elle désire plus particulièrement entendre discuter devant elle ; programme qui sera envoyé, le plus tôt que faire se pourra, aux Orientalistes compétents.

Art. 6. — La quatrième séance sera offerte à la Chambre de Commerce de Saint-Etienne.

La présidence et la composition du bureau seront à sa disposition.

Les mémoires et travaux concernant *l'industrie, le commerce, les relations des peuples entre eux*, lui seront réservés.

De plus, la Chambre de Commerce sera priée de faire un programme des questions *pratiques* qu'elle désire poser et entendre discuter devant elle, programme qui sera envoyé, le plus tôt que faire se pourra, aux Savants compétents.

Art. 7. — Les procès-verbaux des quatre premières séances devront être remis au Secrétaire-général de la Session de Saint-Etienne, par les soins des secrétaires de ces séances, afin qu'ils soient centralisés et insérés dans le compte-rendu des travaux de la Session.

Art. 8. — Les cinquième, sixième et septième séances seront réservées à l'Athénée Oriental, qui en disposera en faveur de ses membres et des savants étrangers qui assisteront à la Session de Saint-Etienne.

L'Athénée Oriental fera, également, un programme des questions qu'il désire plus particulièrement voir traiter au Congrès de Saint-Etienne.

Art. 9. — Outre ces sept séances, des séances de discussions et de controverses seront organisées selon les besoins et d'après les incidents qui se produiront.

Ces séances spéciales seront intercalées entre les séances ordinaires.

Le bureau de ces séances spéciales sera celui de la Session provinciale, qui s'adjoindra les savants les plus compétents dans les matières en discussion.

Art. 10. — Pour clore la Session, il sera offert gratuitement à MM. les Membres souscripteurs et à leurs *deux* invités un concert de musique orientale et une représentation théâtrale.

L'œuvre représentée sera tirée du répertoire japonais, ce sera une comédie traduite en français par M. Léon de Rosny, ancien Directeur-Président de l'Athénée Oriental et professeur à l'Ecole spéciale des Langues orientales.

Le public ne sera admis à cette représentation que pour les places restées disponibles et aux prix que fixeront les Commissions de théâtre et de musique.

Une quête sera faite à cette représentation en faveur des pauvres de la ville de Saint-Etienne.

Art. 11. — A la dernière séance, il sera procédé à la désignation de la ville choisie comme siège du futur Congrès provincial et à la nomination du président de ce Congrès.

Tous les Membres de la Session de Saint-Etienne (ou leurs fondés de pouvoirs) pourront prendre part aux votes, qui auront lieu à la majorité relative des suffrages exprimés.

Le président de la future Session devra résider au lieu où le siége du Congrès aura été fixé.

Ce président devra s'occuper de l'organisation de la Session de 1-876, conjointement avec le bureau central de l'Athénée Oriental.

ART. 12. — Les Membres du bureau présidant la séance seront assis à une table placée au milieu de l'estrade.

Le bureau de l Athénée Oriental, ainsi que celui de la Session locale, seront installés à deux tables en retour.

L'orateur prendra place à la droite du Président, à moins qu'il ne désire parler de son siége.

Les membres *du Conseil* de la Session locale auront des siéges disposés au fond de l'estrade.

Ce Conseil se composera de la réunion des divers bureaux, savoir :

1° Bureau de l'Athénée Oriental ;
2° Bureau de la Session locale ;
3° Bureau des diverses séances.

ART. 13. — En principe, l'orateur n'aura que quinze minutes pour lire, développer ou analyser sa communication.

Les Membres de la Session qui désireront infirmer ou confirmer l'orateur auront cinq minutes pour le faire, et l'orateur cinq minutes pour sa réplique.

Si la question paraît assez importante à l'Assemblée pour mériter une discussion plus approfondie, elle sera renvoyée à une séance spéciale dont le jour et l'heure seront fixés par le bureau de l'Athénée Oriental, ainsi qu'il est dit à l'article 8.

Si quelques minutes étaient nécessaires pour que la discussion fût close sans être renvoyée à une séance spéciale, l'Assemblée serait maîtresse d'accorder le temps qu'elle jugerait opportun, mais elle réserverait aux orateurs inscrits à l'ordre du jour la faculté de faire leurs communications annoncées.

ART. 14. — MM. les artistes de la ville de Saint-Etienne, seront invités à honorer de leur présence les séances de la Session.

Ceux d'entre eux qui, *étant Membres associés de la Session*, voudront faire entendre des solos de chant ou d'instruments, seront placés dans les mêmes conditions que les orateurs, leurs collègues, à la condition expresse qu'ils n'exécuteront que des morceaux pris dans le *répertoire oriental*, ou dans le répertoire européen emprunté au répertoire oriental.

ART. 15. — Les devoirs de l'hospitalité seront remplis à l'égard des membres et invités étrangers par les membres de la Commission de visites.

Il sera organisé en leur honneur des visites aux principaux monuments publics et établissements industriels (musées, manufactures, fabriques, mines, usines, exposition, etc.).

L'entrée des cercles et sociétés de la ville sera demandée en leur faveur.

ART. 16. — Le parcours à prix réduit sur les chemins de fer français sera sollicité en faveur des membres étrangers à Saint-Etienne.

Il sera demandé aux Compagnies dans les mêmes conditions que celles accordées aux délégués des Sociétés savantes qui se rendent annuellement à Paris pour les réunions à la Sorbonne.

ART. 17. — Par les soins d'une Commission spéciale, il sera organisé une Exposition orientale, suivant le mode exposé plus loin.

Cette Commission devra s'adresser aux amateurs collectionneurs de la région pour obtenir l'exposition de leurs richesses artistiques et s'entendre avec eux sur le choix du local et sur les dispositions à prendre pour la conservation des œuvres d'art qui lui seront confiées.

Un catalogue raisonné de l'Exposition sera publié avec les noms des propriétaires des objets exposés.

L'entrée à l'Exposition sera gratuite pour les exposants, les membres de la Session et les invités.

Le public sera admis à visiter cette Exposition moyennant une faible rétribution.

La Commission fixera, elle-même, le prix d'entrée et les jours d'exposition publique.

Art. 18. — Le soir de la première journée, il y aura un grand banquet, par souscriptions, pour MM. les Membres du Congrès, auquel seront invités MM. les Membres de nationalité étrangère.

Le banquet sera précédé d'une réunion de présentation des membres étrangers aux membres locaux, présentation qui sera faite par les soins du Président, assisté des Membres du bureau de la commission d'invitations.

L'ordonnance du banquet et le règlement des toasts, seront confiés aux soins des Commissions d'invitations et de visites.

Art. 19. — La presse parisienne et la presse régionale seront invitées à toutes les séances de la Session ; de plus, leurs *reporters* prendront place à la table du bureau, en face du Président et, tout ce qui pourra être nécessaire pour leur travail, y sera préparé.

MM. les Rédacteurs auront, en outre, des places réservées.

Art. 20. — MM. les membres de la Session auront droit à deux cartes d'invitation pour toutes les séances, ainsi que pour la représentation théâtrale, l'exposition, etc., etc.

Les hommes invités se joindront à MM. les membres souscripteurs.

Une partie de la salle sera réservée aux Dames invitées qui voudront bien honorer les séances de leur aimable présence.

Art. 21. — Les procès-verbaux originaux des séances du Congrès et toutes les pièces qui y ont rapport (mémoires, travaux, lettres, autographes, etc.) seront offerts à la Bibliothèque de la ville de Saint-Etienne en souvenir du premier Congrès provincial des Orientalistes.

En conséquence, les personnes qui enverront des mémoires et travaux sont prévenues que leurs manuscrits ne leur seront pas retournés.

Art. 22. — L'Athénée Oriental fera, également, hommage à la Bibliothèque de Saint-Etienne de tous les livres, gravures, photographies, cartes, objets divers qui lui seraient envoyés à l'occasion de la Session de Saint-Etienne, *lorsque la condition du retour n'aura pas été spécifiée*, et mention spéciale de ces dons et envois sera fait dans les procès-verbaux des séances.

Art. 23. — La nomination des membres du bureau de la Session de Saint-Etienne, autres que celles du Président, M. Textor de Ravisi, Directeur-Président de l'Athénée Oriental (déjà faite par l'Assemblée générale à la Session de 1874 de l'Athénée Oriental), et celle du Trésorier qui sera au choix du Directeur-Président, sera soumise au vote de l'Assemblée générale des membres souscripteurs pour la Session de Saint-Etienne.

Cette Assemblée générale aura lieu le 28 mai 1875.

Ces membres seront :

1° *Deux* vice-présidents de la Session ou assesseurs ;

2° Un secrétaire-général ;

3° Un archiviste-bibliothécaire ;

4° Deux secrétaires chargés de la rédaction des procès-verbaux.

En attendant la nomination officielle des membres du bureau, les membres déjà désignés de la Commission d'organisation en rempliront *provisoirement* les fonctions.

Art. 24. — Le travail d'organisation et les questions de détails concernant les diverses parties du programme du Congrès seront laissés aux soins des différentes commissions dans lesquelles se répartiront, *à leur choix*, MM. les membres souscripteurs pour la Session de Saint-Étienne, au fur et à mesure de leur adhésion.

*Commissions* : d'organisation, de correspondance extérieure, de correspondance intérieure, d'examen, de recettes, de dépenses, d'invitations, de visites, d'exposition, de musique, de théâtre, de dépouillement, de classement, d'analyse des travaux, de publicité, d'impression, de librairie, *des récompenses*, etc.

Autant que faire se pourra, les Présidents des Commissions seront élus à la séance générale du 28 mai.

Art. 25. — Outre la mention qui sera faite aux procès-verbaux des séances d'organisation, et la publication par les journaux des noms de MM. les Membres des Commissions, *une carte de délégué* justifiera de leurs titres, pour agir auprès du public, au nom de l'Athénée Oriental, 1ʳᵉ session provinciale de Saint-Etienne.

Lors du Congrès, un insigne particulier les désignera aux étrangers qui pourraient avoir besoin de leurs services (1).

Chaque Commission s'adjoindra, à l'élection, les membres de la Session dont les connaissances et les aptitudes spéciales lui sembleront utiles.

MM. les membres du bureau de la Session de Saint-Etienne feront de droit partie de toutes les Commissions dont ils doivent centraliser les travaux.

Art. 26. — Les avantages faits aux membres souscripteurs de la Session de Saint-Étienne sont les suivants :

1° Droit de présentation de leurs travaux et de ceux d'un tiers à la Commission d'examen.

---

(1) L'insigne choisi a été un ruban blanc et rouge.

2° Droit de discussion (*approbation ou improbation*) des travaux lus ou produits en séance.

3° Droit gratuit au volume de la publication des travaux de la Session de Saint-Etienne, à la condition de le faire retirer au bureau de l'Athénée Oriental (à Paris, ou à Saint-Etienne), ou d'ajouter 1 fr. 60 pour le port.

Les exemplaires destinés aux Dames souscripteurs seront tirés sur papier rose.

4° Droit à la réception au prix de 10 fr. (en ajoutant 1 fr. 60 pour le port), du volume de la publication des travaux de la Session inaugurale de 1874, coté en librairie fr. . . . . . . . . . . . . . . . . . . . . . . . . . . . . . 12

Mais les 200 premiers souscripteurs auront droit, gratuitement, audit volume des travaux de la Session inaugurale, qui leur sera alloué en prime.

5° Droit à deux cartes d'entrée pour leurs invités à toutes les séances du Congrès et à la représentation théâtrale, à l'exposition orientale et aux tournées de visites et excursions.

6° Droit d'élection du bureau de la Session locale, du futur siége de la deuxième session, du président de cette session et droit de vote pour toute question qui sera soumise à l'Assemblée.

7° Droit de déléguer le vote à un tiers (pourvu qu'il soit membre lui-même de la Session) ou de l'envoyer directement au bureau sous pli cacheté.

Cette dernière disposition, qui doit profiter à tous les membres de la session, est faite particulièrement en faveur de MM. les membres étrangers qui ne pourront venir à Saint-Etienne assister à cette Session pour laquelle ils ont souscrit.

Un membre présent pourra donc avoir un nombre de votes égal à celui des délégations qui lui auront été confiées.

Art. 27. — Outre les membres titulaires et correspondants de l'Athénée Oriental et les membres associés à la

Session de Saint-Etienne, l'Assemblée comprendra, aussi, les *Membres honoraires* de la Session.

Les membres honoraires seront dispensés de toute cotisation. Ils seront nommés par le bureau de la Session.

Seront élus membres honoraires les savants de nationalité étrangère qui viendront à Saint-Etienne, et, aussi, les personnes notables qui auront rendu des services notoires à la Session.

Art 28. — Le montant de la cotisation des membres souscripteurs pour la Session de Saint-Etienne est fixé à 10 fr. et celui du diplôme et des insignes à 5 fr.

Les Dames seront admises à être Membres de la Session au titre de Membres ordinaires ou à celui de *Membres patronnesses*, à leur choix.

Les membres de la Session, une fois leur souscription acquittée, restent en dehors de toute responsabilité financière, tous les frais des Congrès étant à la charge de la Société elle-même.

Art. 29. — A la dernière séance, l'Assemblée entendra la lecture d'un Rapport sur les comptes financiers de la Session, lesquels, néanmoins, ne pourront être clos qu'après la publication du Compte-Rendu des travaux. Toutes les dépenses de la Session 1874-1875 ayant été soldées, le reliquat en caisse sera porté à l'actif de la Session suivante.

Le modèle de la médaille commémorative du Congrès de Saint-Etienne sera ultérieurement arrêté (1).

Les diplôme et médaille des membres honoraires leur seront offerts gratuitement.

Art. 31. — La Session de Saint-Etienne acceptera les programmes et appels en faveur de leurs œuvres faits par les *Sociétés scientifiques ou charitables qui s'occupent de l'Orient.* Les Sociétés charitables, néanmoins, devront avoir

---

(1) La médaille a été remplacée par un magnifique ruban artistique offert par la ville de Saint-Etienne. (Voir plus loin sa description).

pour objet la propagation de l'instruction, les relations ou le rapprochement des peuples entre eux.

Si les Sociétés se sont fait inscrire comme membres associés, leurs communications seront lues en séance par leurs délégués ; si elles se sont contentées d'envoyer leurs programmes, ils seront traités comme *livres*. (Voir art. 22.)

ART. 32. — Les souscriptions pour la Session de Saint-Etienne seront reçues jusqu'au 19 septembre :

A Paris, au bureau central de l'Athénée Oriental (place Saint-Sulpice, n° 7) ;

Au siége de la Société d'Ethnographie, 20, rue Bonaparte, à Paris ;

A Saint-Etienne, chez le Directeur-Président de l'Athénée Oriental (rue d'Annonay, 7), et chez MM. les Membres de la Commission d'organisation.

Les souscriptions des membres étrangers à Saint-Etienne pourront être envoyées à volonté en *mandats de poste*, en *timbres-poste* ou versées à la Société Générale, dans toutes ses succursales en France et à Londres, *au crédit* du Bureau U qui a un compte ouvert avec l'Athénée Oriental.

*Le Président du Congrès provincial des Orientalistes.*
*session de Saint-Etienne.*

Signé : B<sup>on</sup> TEXTOR DE RAVISI,

Président-Directeur de l'Athénée Oriental.

Certifié conforme à l'exemplaire approuvé par l'Assemblée générale des Membres souscripteurs de la Session de Saint-Etienne, à la séance du 28 mai 1875, et par le Comité central de l'Athénée Oriental, à Paris, dans sa séance du 12 juin 1875.

*Le Secrétaire-général du Congrès provincial des Orientalistes.*
*session de Saint-Etienne.*

Signé : LE MANSOIS DU PREY,

Membre correspondant de l'Athénée Oriental.

# SOCIÉTÉ D'ETHNOGRAPHIE

CONSTITUÉE PAR ARRÊTÉS MINISTÉRIELS
DES 26 AVRIL 1859 ET 28 SEPTEMBRE 1864.

## 1875

### Président :

LÉON DE ROSNY, professeur à l'Ecole spéciale des Langues orientales, Président du premier Congrès international des Orientalistes.

### Vice-Président :

LÉON CAHUN, voyageur en Tartarie.

### Secrétaire-général :

ED. MADIER DE MONTJAU, Président de la Société américaine de France.

### Liste chronologique des Présidents :

1859. Le baron DE BOURGOING, sénateur.
1860. Le prince MICHEL VLANDGALI-HANDJÉRI.
1861. JOMARD, de l'Institut.
1864. ANTOINE D'ABBADIE, de l'Institut.
1864. Le marquis D'HERVEY DE SAINT-DENYS, professeur au Collége de France.
1873. LÉON DE ROSNY, professeur à l'Ecole spéciale des Langues orientales.

### Secrétaires-généraux :

1859. LÉON DE ROSNY, professeur à l'Ecole spéciale des Langues orientales
1872. SEYTI, de l'Observatoire, à Paris.
1873. ED. MADIER DE MONTJAU, ancien élève de l'Ecole spéciale des Langues orientales.

# SECTION OCCIDENTALE

## SOCIÉTÉ AMÉRICAINE DE FRANCE

### Président (1875) :

ED. MADIER DE MONTJAU.

### Vice-Présidents :

GESLIN.
SCHŒBEL.

### Secrétaire :

EMILE BURNOUF.

### Présidents de la Société :

1863. BELLECOMBE (André DE).
1864. ROSNY (Lucien DE).
1865. CASTAING (Alphonse).
1866. MARTIN DE MOUSSY (le D^r).
1867. TORRÈS-CAICEDO.
1868. CASTAING, ROSNY (Léon DE), GESLIN, conservateurs.
1873. MADIER DE MONTJAU (Ed.)

### Secrétaires :

1863. LABARTHE (Charles DE).
1864. LABARTHE (Charles DE).
1866. CORTAMBERT (Richard).
1867. TAYAC (Gaston DE)
1873. BURNOUF (Emile).

# SECTION ORIENTALE

## ATHÉNÉE ORIENTAL

Fondé en 1864. — Réorganisé en 1874 et 1875.

---

### Président-Directeur (1875) :

TEXTOR DE RAVISI (le Baron), Président honoraire et membre de plusieurs Sociétés savantes françaises et étrangères.

### Directeur-adjoint :

LÉVY-BING, banquier.

### Secrétaire-général :

CAHUN (Léon), voyageur en Tartarie.

### Présidents :

(LISTE CHRONOLOGIQUE)

1865. TEXIER (Charles), de l'Institut.
1866. EICHHOFF, de l'Institut.
1867. GARCIN DE TASSY, de l'Institut.
1868. DULAURIER, de l'Institut.
1869. FOUCAUX (Ph.-Ed.), professeur au Collége de France.
1870. OPPERT (Jules), professeur à l'Ecole spéciale des Langues orientales.
1871. ROSNY (Léon DE), professeur à l'Ecole spéciale des Langues orientales.
1872. MAUREL (F.), chimiste-manufacturier.
1873. OPPERT (Jules), professeur au Collége de France.

1874. Rosny (Léon DE), professeur à l'Ecole spéciale des Langues orientales.

1875. TEXTOR DE RAVISI (le Baron), ancien commandant de Karikal (Indes-Orientales), *Directeur-Président*.

**Secrétaires :**

1865. Moïse SCHWAB, de la Bibliothèque nationale.

1867. Charles DE LABARTHE, ancien bibliothécaire de la Société asiatique.

1869. Emmannuel LATOUCHE, chargé de cours à l'Ecole spéciale des Langues orientales.

1870. Julien DUCHATEAU, membre de la Société de philologie.

1872. Gustave DELONDRE, ancien chancelier de Consulat.

1873. Julien DUCHATEAU, membre de la Société de philologie.

1874. Léon CAHUN, voyageur en Tartarie.

L'Institution Ethnographique a vu, depuis 1875, deux nouvelles sections s'ouvrir dans son sein : la *Section japonaise* et la *Section indo-chinoise*.

### LA SOCIÉTÉ DES ÉTUDES JAPONAISES

Fondée le 1876.

M. LÉON DE ROSNY, *Fondateur-Président*, Président de la Société d'Ethnographie.

### LA SOCIÉTÉ INDO-CHINOISE

Fondée le 25 octobre 1877.

M. le Marquis DE CROIZIER, *Fondateur-Président*, Consul de Grèce, à Paris.

# CONGRÈS PROVINCIAL

### DES

# ORIENTALISTES

## SESSION INAUGURALE

### LEVALLOIS-PARIS

(26-28 décembre 1874).

### Président :

LÉON DE ROSNY, Président de la Société d'Ethnographie, Président du premier Congrès international des Orientalistes.

### Vice-Présidents :

ABEL DES MICHELS, professeur à l'Ecole spéciale des Langues orientales.

DUCHINSKI (de Kiew).

### Secrétaire-général :

CAHUN (Léon), voyageur dans l'Asie centrale.

### Membres du Conseil :

B^on TEXTOR DE RAVISI, Directeur-adjoint de l'Athénée Oriental.

BURNOUF (Emile), membre de la Société des Etudes japonaises.

LESOUEF, membre de la Société des Etudes japonaises.

BELLECOMBE (André DE), membre de l'Institut historique.

HERVEY DE SAINT-DENIS (le Marquis d'), professeur au Collége de France.

IMAMURA WARAU, répétiteur à l'Ecole spéciale des Langues orientales.

DUHOUSSET (le Colonel), voyageur en Perse et en Kabylie.

ORY (Paul), élève à l'Ecole spéciale des Langues orientales.

LENORMANT (Francois), ancien bibliothécaire-adjoint de l'Institut.

DUCHATEAU (J.-J.-R.), ancien élève de l'Ecole spéciale des Langues orientales, membre de la Société de philologie.

ZELINSKI (Louis DE), professeur de Langues orientales à Nijni-Novogorod.

-----

### 1<sup>re</sup> SÉANCE (26 décembre 1874).

*Présidence* de M. LÉON DE ROSNY.

### 2<sup>me</sup> SÉANCE (27 décembre).

*Présidence* de M. MADIER DE MONTJAU.

### 3<sup>me</sup> SÉANCE (28 décembre).

*Présidence* de M. LÉON DE ROSNY.

-----

# EXTRAIT DU PROCÈS-VERBAL

## DE LA SÉANCE DU 28 DÉCEMBRE 1874

L'ordre du jour appelle le choix d'une ville de France où devra se tenir la *première Session du Congrès provincial des Orientalistes*. Les villes de Bordeaux, Marseille, Saint-Etienne, Lyon et Alger, ont été successivement proposées. Le choix de la localité ayant été mis aux voix, le scrutin donne les résultats suivants :

| | |
|---|---|
| Saint-Etienne. | 37 voix. |
| Bordeaux | 2 voix. |
| Marseille. | 1 voix. |
| Alger | 1 voix. |

En conséquence, SAINT-ETIENNE est désigné pour la première Session provinciale du Congrès des Orientalistes.

L'assemblée procède, ensuite, à la nomination du Président de la prochaine Session ; M. le Baron TEXTOR DE RAVISI est élu à l'unanimité des suffrages. Son installation aura lieu à l'ouverture du prochain Congrès, par les soins du bureau de la session de 1874.

# CONGRÈS PROVINCIAL DES ORIENTALISTES

## 1ʳᵉ SESSION

### SAINT-ÉTIENNE — 1875

*Président* : M. LE BARON TEXTOR DE RAVISI, Directeur-Président de l'Athénée Oriental.

#### Commission centrale et exécutive, à Paris :

LÉVY-BING, Président, Directeur-adjoint de l'Athénée Oriental.

MADIER DE MONTJAU, secrétaire-général de la Société d'Ethnographie.

LÉON DE ROSNY, Président de la Société d'Ethnographie.

#### Commission centrale et exécutive, à Saint-Etienne :

Bᵒⁿ TEXTOR DE RAVISI, Directeur-Président de l'Athénée Oriental, Président du Congrès de Saint-Etienne.

LE MANSOYS DU PREY, membre correspondant de l'Athénée Oriental, secrétaire-général du Congrès de Saint-Etienne.

PALIARD DU COLOMBIER, secrétaire-général de la Mairie de Saint-Etienne, membre de la Commission d'organisation du Congrès de Saint-Etienne.

#### Commission d'organisation :

Bᵒⁿ TEXTOR DE RAVISI, Président-Directeur de l'Athénée Oriental, Président de la session de Saint-Etienne.

PALIARD DU COLOMBIER (Félix), avocat, secrétaire-général de la Mairie de la ville de Saint-Etienne.

D<sup>r</sup> Maurice, secrétaire-général de la Société d'agriculture, industrie, sciences, arts et belles-lettres du département de la Loire.

Le Mansois du Prey, membre correspondant de l'Athénée Oriental, directeur de la succursale de la Banque générale de Crédit.

Porte (Edmond), membre correspondant de l'Athénée Oriental, — négociant.

Luquet (Denis-Emile), 1<sup>er</sup> aumônier de l'hospice de la Charité.

Chapelle, avocat, bibliothécaire de la Société d'agriculture, industrie, sciences, arts et belles-lettres du département de la Loire.

---

## Elections de l'assemblée générale du 28 Mai 1875.

---

### Vice-Présidents :

D<sup>r</sup> Michalowski, *vice-président de la Société d'agriculture, sciences, industrie, arts et belles-letttres de la Loire.*

D<sup>r</sup> Maurice, *secrétaire-général de la Société d'agriculture, sciences, industrie, arts et belles-lettres de la Loire.*

### Secrétaire-général :

Le Mansois du Prey, *membre correspondant de l'Athénée Oriental,* directeur de la Banque générale de Crédit, à Saint-Etienne.

### Bibliothécaire-Archiviste :

Chapelle, avocat, délégué cantonnal de l'instruction publique, *secrétaire de la section des lettres de la Société d'agriculture, sciences, industrie, arts et belles-lettres de la Loire.*

**Secrétaires-Rédacteurs :**

BURDEAU, agrégé de l'Université, professeur au Lycée de Saint-Etienne.

FAURE, japoniste, employé à la Mairie de Saint-Etienne.

**Trésorier, — Comptable :**

LE MANSOYS DU PREY, membre correspondant de l'Athénée Oriental, secrétaire-général du Congrès de Saint-Etienne.

BIRON, chef de comptabilité à la Préfecture de la Loire, a bien voulu accepter (1877) de tenir la comptabilité du Congrès de Saint-Etienne.

# DÉLÉGUÉS

### ET

## MEMBRES HONORAIRES

MM. les *Membres honoraires* sont indiqués par un astérisque sur la liste générale et MM. les *Délégués* par deux astérsiques.

# PRÉSIDENTS

### DES SÉANCES

## DE LA PREMIÈRE SESSION DU CONGRÈS PROVINCIAL

### (SESSION DE SAINT-ÉTIENNE)

## 1875

### 1re SÉANCE (19 octobre 1875).

#### INSTALLATION DU BUREAU DE LA SESSION

Présidences successives de MM. LÉON DE ROSNY, Président de la Session inaugurale de Levallois-Paris, et TEXTOR DE RAVISI, Président de la Session provinciale de Saint-Etienne, Président-Directeur de l'Athénée Oriental.

### 2me SÉANCE (19 octobre).

#### SÉANCE SOLENNELLE D'OUVERTURE

Présidence de M. CROS, maire-adjoint de la ville de Saint-Etienne.

### 3me SÉANCE (20 octobre).

#### ART KHMER — EXPLORATIONS DU ME-KING, DU TONG-KING ET DU CAMBODGE

Présidence de M. LÉON DE ROSNY, Président de la Société d'Ethnographie.

### 4me SÉANCE

#### PROGRAMME DE LA SOCIÉTÉ ACADÉMIQUE DE LA LOIRE

Présidence de M. le Dr MAURICE, secrétaire-général de la Société d'agriculture, industrie, sciences, arts et belles-lettres du département de la Loire.

### 5me **SÉANCE** (22 octobre).

ART KHMER — EXPLORATIONS DU ME-KING, DU TONG-KING
ET DU CAMBODGE

Présidence de M. DE VILLEMEREUIL, capitaine de frégate.

### 6me **SÉANCE** (22 octobre).

PROGRAMME DE LA CHAMBRE DE COMMERCE
DE SAINT-ÉTIENNE

Présidence de M. Auguste TÉZENAS DU MONTCEL, membre
de la Chambre de Commerce de Saint-Etienne et membre
du Conseil supérieur du Commerce.

### 7me **SÉANCE** (22 octobre).

ART KHMER — EXPLORATIONS DU ME-KING, DU TONG-KING
ET DU CAMBODGE

Présidence de M. MADIER DE MONTJAU (Edouard), Président
de la Société Américaine.

### 8me **SÉANCE** (23 octobre).

PROGRAMME DE L'ATHÉNÉE ORIENTAL

Présidence de M. le Baron TEXTOR DE RAVISI, Directeur-
Président de l'Athénée Oriental.

### 9me **SÉANCE** (24 octobre).

EXPOSITION ORIENTALE

Présidence de M. CHAPELLE, avocat, membre correspondant
de l'Athénée Oriental.

### 10me **SÉANCE** (24 octobre).

PROGRAMME DE L'ATHÉNÉE ORIENTAL

Présidence de M. le Baron TEXTOR DE RAVISI, Directeur-
Président de l'Athénée Oriental.

## 11<sup>me</sup> SÉANCE (25 octobre).

**ANALYSE DES TRAVAUX DONT LES AUTEURS NE SONT PAS PRÉSENTS A LA SESSION**

Présidence de M. le Baron TEXTOR DE RAVISI, Président de la Session de Saint-Etienne.

## 12<sup>me</sup> SÉANCE (25 octobre).

**SÉANCE SOLENNELLE DE CLOTURE**

Présidence de M. le Baron TEXTOR DE RAVISI, Président de la Session de Saint-Etienne.

# COMMISSIONS

**Commissions d'examen et d'analyse des travaux.**

*A PARIS*

CASTAING, membre de l'Athénée Oriental. (1)

FOUCAUX, professeur au Collége de France.

GARCIN DE TASSY, de l'Institut, professeur à l'Ecole spéciale des Langues orientales.

LESOUEF, membre de l'Athénée Oriental. (2)

MADIER DE MONTJAU (Edouard), Président de la Société Américaine.

ROSNY (Léon DE), Président de la Société d'Ethnographie, professeur à l'Ecole spéciale des Langues orientales.

SCHOEBEL, membre de la Société d'Ethnographie.

---

(1) Président de l'Athénée Oriental pour 1877.
(2) Président de l'Athénée Oriental pour 1878.

## *A SAINT-ÉTIENNE*

BURDEAU, agrégé de l'Université, professeur de philosophie au Lycée de Saint-Etienne.

CHABAS, égyptologue, président de la Chambre de Commerce de Châlon, Loubans et Autun.

MAURICE (D<sup>r</sup>), secrétaire-général de la Société académique de la Loire, vice-président du Congrès de Saint-Etienne.

MICHALOWSKI (D<sup>r</sup>), vice-président de la Société Académique de la Loire, vice-président du Congrès de Saint-Etienne.

SCHULL, rabbin.

### Commission de l'exposition orientale.

CHAPELLE, avocat, membre de l'Athénée Oriental, conseiller municipal, *Président*.

GONNARD, conservateur des musées de Saint-Etienne.

PORTE (Edmond), voyageur au Japon, membre de l'Athénée Oriental, membre de la Commission d'organisation du Congrès de Saint-Etienne.

SISMONDE (F.), ingénieur-architecte.

### Commissaires.

CHAUSSE (l'Abbé).

CHEVRET (Louis), pharmacien.

MARTINET, commissionnaire en rubans.

VARINARD, avocat, membre de l'Athénée Oriental, secrétaire-archiviste de la Chambre syndicale de Saint Etienne.

### Commission du théâtre et de la musique.

VALENTIN, négociant, conseiller municipal, *Président*.

BIRON, chef de comptabilité à la Préfecture de la Loire.

COURALLY (Claudius), commissionnaire en matières textiles, directeur des Enfants de la Loire.

MICHEL, percepteur des contributions directes à Saint-Martin-en-Coailleux.

## Commissaires.

BALSDENSPERGER (Mathis), comptable.

CHEVRET (Louis), pharmacien.

GEORGES (Paul), négociant.

GEORGES (Octave), négociant.

LE VERRIER, ingénieur des mines.

MARX, négociant.

SCHRAMECK, commissionnaire en rubans.

SISMONDE (François), ingénieur-architecte.

VARINARD, avocat, membre de l'Athénée Oriental, secrétaire-archiviste de la Chambre syndicale de Saint-Etienne.

## Commission de publications.

BIRON, chef de comptabilité à la Préfecture de la Loire.

BURDEAU, agrégé de l'Université, professeur de philosophie au Lycée de Saint-Etienne, secrétaire du Congrès de Saint-Etienne.

CHAPELLE, avocat, membre de l'Athénée Oriental, conseiller municipal, secrétaire-archiviste du Congrès de Saint-Etienne.

VARINARD, avocat, membre de l'Athénée Oriental, secrétaire-archiviste de la Chambre syndicale de Saint-Etienne.

## Commission des visites et des tournées.

PALIARD DU COLOMBIER (Félix), secrétaire-général de la Mairie de Saint-Etienne, *Président*.

FAURE, employé de la Mairie de Saint-Etienne, *secrétaire*.

## Commissaires.

BIRON, chef de comptabilité à la Préfecture de la Loire.

CHEVRET, pharmacien.

EPITALON, avocat.

GALLET-ANGLADE, mercier.

Lefort, ingénieur des ponts et chaussées.

Maire (Louis), négociant.

Sismonde (F.), ingénieur-architecte.

Schrameck (F.), commissionnaire en rubans.

### Commission de réceptions et d'invitations.

Valentin, négociant, conseiller municipal, *Président*.

Paliard du Colombier (Félix), secrétaire général de la Mairie de Saint-Etienne, membre de la commission d'organisation du Congrès de Saint-Etienne.

### Commissaires.

Epitalon, avocat.

Le Maitre, percepteur des contributions directes de la ville de Saint-Etienne.

Saint-Laurent, percepteur des contributions directes de la ville de Saint-Etienne.

Sismonde (F.), ingénieur-architecte.

Vuillermet, fondé de pouvoirs de la Trésorerie générale de la Loire.

# Liste générale des Membres

## I.

## DAMES PATRONNESSES

M<sup>mes</sup>

Birch (Miss Charlotte), orientaliste, à Londres.

* Blignières (de), à Saint-Etienne.

Chabrières-Arlès, née Arlès-Dufour, à Lyon.

Boieldieu (Adrien), née Textor de Ravisi.

Croizier (Marquise de), à Paris.

* X... (Marquise de), à Paris.

Delchet (veuve), née Servan, à Paris.

Des Bassayns de Richemont (Baronne Paul), née Keating.

* Dosne (M<sup>lle</sup>) à Paris.

Duclaux (Mathilde), à Paris.

Eschaw (Eglée), née des Bassayns de Richemont, à Bordeaux.

Fernandez, née Cotte, à Saint-Etienne.

Garret-Devoille, à Luxeuil.

Giron, née Epitalon, à Saint-Etienne.

Guimet (veuve), née Bisould, à Lyon.

* Jurien (Vicomtesse), née Panon des Bassayns, à N.-D de Prouille.

Laleuf (Baronne de), née des Bassayns de Montbrun, à Paris.

Le Mansoys du Prey, née du Lien de l'Aubépin, à Saint-Etienne.

Loubière, à Saint-Etienne.

Madier de Montjau, à Paris.

Mary Summer (Charlotte Foucaux), née Filon, à Paris.

Martignié (Marquise de), à Saint-Août.

O'Sulivan (Mlle), à Paris.

Petit (Mlle Pauline), à Paris.

Rosny (Jeanne de), à Paris.

Saint-Didier (de), à Pont-de-Vesle.

*Sandrans (Baronne de Cardon de), à Saint-Etienne.

Stockly (Mlle Marie), dame novice à la Maison nationale de la Légion d'honneur, à Saint-Denis.

Stockly (Mlle Gabrielle), dame postulante à la Maison nationale de la Légion d'honneur.

Tauneberg (de), Russie.

Textor de Ravisi (Baronne de), née Hamelin, à Saint-Etienne.

* Thiers, née Dosne, à Paris.

Ventura (R. de), à Bucharest (Roumanie).


## II.

### SAINT-ÉTIENNE

Alvin, docteur-médecin, à Feurs.

Arbel (Lucien) (✳), maître de forges, sénateur de la Loire, à Rive-de-Gier.

Arnaud (Louis-Claude), ingénieur, à Terrenoire.

Aymard, syndic des huissiers.

Balay (Jules), banquier.

Balsdensperger (Mathis), comptable.

Barailler, fabricant de velours.

Barallon (Antony), fabricant de rubans.

Barroin (✳), directeur général des Forges et Aciéries de Saint-Etienne.

Basson, rentier.

Bavier (de), voyageur en Orient.

Beaumès (O. ✳), sous-intendant militaire.

Bertholon (César), ancien préfet, député de la Loire.

Besson (Régis), négociant, conseiller municipal.

*Bibliothèque de la ville de Saint-Etienne.*

** Biron, chef de comptabilité à la Préfecture de la Loire.

Blacet (Paul-Marie), rentier.

Blacet (Hippolyte), fondeur.

* Blignières (de) (O. ✳), préfet de la Loire. (¹)

Bobichon, négociant en charbons.

Bobichon (fils), comptable.

Borie, notaire.

Boullier (✳), député de la Loire, à Roanne.

Bourgaud, ouvrier armurier, voyageur en Abyssinie, ex-armurier de l'Empereur Théodoros.

Bouvier, fondé de pouvoirs à la Trésorerie générale de la Loire.

Brioude, commissionnaire en rubans.

Broche, comptable, voyageur en Orient.

Brossy, inspecteur d'assurances.

Buisson (Lucien), constructeur-mécanicien.

** Burdeau (✳), professeur de philosophie au Lycée de Saint-Etienne, secrétaire-rédacteur du Congrès provincial des Orientalistes.

Cabanel, censeur du Lycée de Saint-Etienne.

Caillat (Francisque), bijoutier.

---

(1) MM. de Sandrans et de Blignières ont été Préfets de la Loire pendant la période de la Session du Congrès de Saint-Etienne.

CARVÈS, ingénieur, directeur de la C<sup>ie</sup> de carbonisation de la Loire.

CASTEL, marchand de soies, conseiller municipal.

*Cercle de la Chorale Forézienne de Saint-Etienne.*

*Chambre de Commerce de Saint-Etienne.*

*Chambre syndicale des Tissus de Saint-Etienne.*

CHAMUSSY, fabricant de passementerie.

** CHAPELLE, avocat, délégué cantonal de l'Instruction publique, membre de l'Athénée Oriental, membre de la Commission d'organisation du Congrès de Saint-Etienne.

CHAPON (Antoine), vice-consul de l'Uruguay, président du Tir Stéphanois, commissionnaire en rubans.

CHAUSSE (l'abbé), aumônier des Frères de la doctrine chrétienne.

CHARVET (Benoît) (✻), marchand de charbon en gros, ancien maire de Saint-Etienne.

CHEVALIER, libraire.

CHEVALLIER, rentier.

CHEVRET (Louis), pharmacien.

CHILLET (Jules), fabricant de tissus de caoutchouc.

CLAPEYRON, représentant de commerce, conseiller municipal.

CLÉMENT, curé de l'église Saint-Charles de Saint-Etienne.

COIGNET, professeur de langues étrangères.

COLCOMBET (Victor), fabricant de rubans.

*Conseil général de la Loire.*

CORDONNIER, rentier.

COULLET, propriétaire, au château de Chantalouette.

COURALLY (Claudius), commissionnaire en matières textiles, directeur de la Société des Enfants de la Loire.

COURBON, avocat.

CORON et VIGNAT, teinturiers pour les fabricants.

COUVREUR, proviseur du Lycée de Saint-Etienne.

CROIZIER, armurier, rue de Paix.

* CROS (Charles), adjoint au maire de Saint-Etienne, commissionnaire en rubans.

DALLY (✳), chef de bataillon au 121ᵉ de ligne.

DAVID (J.-B.), fabricant de velours, président de la Chambre de Commerce.

DELMONT, avoué.

DELPHIN, curé de l'église Notre-Dame de Saint-Etienne.

DENIS (Antoine) (†), fabricant de rubans.

DELZONS (✳), directeur des Contributions Directes.

DESCOURS (Henri), fabricant de velours.

DUBOUCHET, avocat.

DUCHÈNE, docteur-médecin, à Firminy.

DUPLAIN, docteur-médecin, vice-président de la Société académique de la Loire.

DUPLAIN, secrétaire-général des hospices de Saint-Etienne.

DUPONT, pasteur protestant, président du Consistoire de Saint-Etienne.

DUPUIS (Jean), fondé de pouvoirs du Maréchal Ma, explorateur du Fleuve Rouge.

DUPUY, limonadier, place Hôtel-de-Ville.

DURAND (Antony), employé de commerce.

DURAND, à Saint-Etienne.

EPITALON (J.-J.), avocat.

ESCOFFIER (Félix) (O. ✳), fabricant d'armes, ancien entrepreneur de la Manufacture Nationale d'armes de Saint-Etienne.

EUVERTE (✳), directeur des Usines de Terrenoire, président de la Société Académique de la Loire, à Terrenoire.

EVRARD (Maximilien), ingénieur, vice-président de section de la Société Académique de la Loire.

* FAURE-BELON (✳), président de la Chambre de Commerce de Saint-Etienne, ancien maire de Saint-Etienne.

** Faure, japoniste, employé à la Mairie, membre de la Commission d'organisation.

Favarcq, comptable, trésorier de la Société Académique de la Loire.

Fontaney (Cyprien), fabricant de velours, rue Désirée.

* Forestier, gérant du journal le *Stéphanois*.

Fraisse, chef d'institution.

Fraisse-Brossard (J.-B.), fabricant de velours.

Froget (❋), chanoine, curé de l'église de Saint-Etienne.

Gaisman (Henry), commissionnaire en soieries.

Gallet-Anglade, mercier.

Georges (Paul), négociant.

Georges (Octave), négociant.

Gérentet, fabricant de rubans, président de la Chambre de Commerce.

Gerin (Francisque), fabricant de rubans.

Gisclon, huissier. (¹)

Giron (Marcelin), fabricant de velours, président de la Chambre syndicale des tissus.

** Gonnard, conservateur des Musées de Saint-Etienne.

Guigoud, rentier, ancien conseiller d'arrondissement.

Guitton (❋), fabricant de rubans, président du Tribunal de Commerce de Saint-Etienne.

Grenier, notaire. à Boën.

Hardorff, commissionnaire en rubans.

Haucke (Oscar), commissionnaire en rubans et ancien vice-consul des Etats-Unis.

Hiverney, négociant.

Humann (❋), trésorier général de la Loire.

Hutter, directeur de la succursale de la Société générale de Crédit.

---

1) Actuellement syndic des huissiers.

* Hutter (père), directeur des mines de Montrambert, maire-adjoint de Saint-Etienne.

Huvey, employé de commerce, voyageur en Orient, premier importateur en Europe de graines de vers à soie du Japon.

Imbert, représentant de commerce.

Jacob, pharmacien.

Jacod (André), agriculteur, vice-président de section de la Société Académique de la Loire, à Saint-Christôt-en-Jarrêt.

Javelle, fabricant d'armes.

Jollois (✳), ingénieur en chef des ponts et chaussées de la Loire.

Jouve.

Lacour (A.), fabricant de rubans.

Langlois, chanoine, curé de l'église Saint-Louis de Saint-Etienne.

Lapala, chef de division à la Préfecture de la Loire.

Lassablière, propriétaire, rue de la Badouillère.

Lastic Saint-Jal (le vicomte de), à Saint-Galmier.

Lefort (Edouard), ingénieur des ponts et chaussées.

Lemaitre, percepteur des contributions directes, à Saint-Etienne.

** Le Mansois du Prey, directeur de la succursale de la Banque de Crédit, secrétaire-général du Congrès de Saint-Etienne.

Lescure, chanoine, pro-curé de l'église Saint-Louis de Saint-Etienne.

Le Verrier, ingénieur des mines.

Liabeuf (Claude), secrétaire de la section d'agriculture de la Société Académique de la Loire.

Limousin, négociant en charbons de terre.

Lipmann, entrepreneur général de la Manufacture Nationale d'armes de Saint-Etienne.

Lucquet (l'abbé), premier aumônier de la Charité, membre de la Commission d'organisation.

Magdinier (Paul), avoué.

Maire (Louis), négociant.

** Marquié (Félix), pasteur protestant.

Martinet, fabricant de rubans.

Marx, négociant.

** Maurice, docteur-médecin, secrétaire-général de la Société Académique de la Loire, membre de la Commission d'organisation du Congrès de Saint-Etienne.

Maurice, ingénieur, à Rive-de-Gier.

** Michalowski, docteur-médecin, vice-président de la Société Académique de la Loire.

Michel (S.), fabricant de rubans.

Michel, percepteur des contributions directes, à Saint-Martin-en-Coailleux

Morel, négociant.

* Moyse, notaire, maire de la ville de Saint-Etienne.

* *Municipalité de la ville de Saint-Etienne.*

Nain aîné, négociant en vins en gros.

Navet, gouverneur de mines à la Ricamarie.

Pagnon (J.-E.), fabricant de rubans.

** Paliard du Colombier, secrétaire-général de la Mairie, membre de la Commission d'organisation du Congrès de Saint-Etienne.

Paret (Elisée), marchand de soies.

* Parret, rédacteur du journal la *République des Paysans.*

Palluat de Besset père (✻), au château du Grand-Coin.

Payre (Antonin), courtier en soies.

Peyret, fabricant de rubans.

Perrichon-Paradis, fabricant de velours.

Peuvergne frères, fabricants de rubans.

* Peychez, rédacteur en chef du journal le *Républicain de la Loire*.

Philip-Thiolière, fabricant de velours.

Philip (Fernand), fabricant de velours.

Philip (Prosper), fabricant de velours.

Philippon, dit *Babochi*, employé de commerce, auteur de poésies en patois stéphanois.

* Planchet, rédacteur au journal le *Télégraphe*.

Portailler, fabricant de velours.

** Porte (Edmond), voyageur au Japon, membre de l'Athénée Oriental, membre de la Commission d'organisation du Congrès de Saint-Etienne.

Porte père, rentier.

Ratte, ingénieur, explorateur au Cambodge.

Rey, fabricant de rubans.

Réal, chanoine, curé de l'église Sainte-Marie de Saint-Etienne.

Rivet, directeur de Compagnie d'assurances, à Saint-Etienne.

Rivière (de) (✳), ingénieur, directeur de la Compagnie des Mines de Firminy, membre de la Chambre de Commerce.

Revollier, Biétrix et Cie, constructeurs-mécaniciens.

Rivolier (J.-B.), fabricant d'armes, rue Villedieu.

Rolland (C. ✳), (le général), commandant la 51e brigade d'infanterie et les 5e et 6e subdivisions du 13e corps.

Rondel, directeur de la succursale de la Banque de France, à Saint-Etienne.

Rousse, professeur de chimie au Lycée de Saint-Etienne.

Ruffin, curé de l'église Saint-Roch de Saint-Etienne.

Saint-Laurens (✳), percepteur des contributions directes, à Saint-Etienne, ancien payeur général.

* Sandrans (Baron de Cardon de) (O. ✳), préfet de la Loire.

Save, inspecteur des contributions directes.

SAVOLLE, pharmacien.

SCHNEIDER, lieutenant d'infanterie de la Marine.

SCHRAMECK, commissionnaire en rubans.

SCHUHL, rabbin, de Saint-Etienne.

** SISMONDE, ingénieur-architecte.

*Société d'Agriculture, Sciences, Arts, Industrie et Belles-Lettres de la Loire.*

*Société de Médecine de Saint-Etienne et de la Loire.*

* *Société du Tir stéphanois.*

STOUFF, inspecteur d'Académie de la Loire.

TACHON, orfèvre,

TARDY (J.-C.), négociant.

TESTENOIRE-LAFAYETTE, notaire honoraire, bibliothécaire de la Ville de Saint-Etienne.

TÉZENAS DU MONTCEL (Auguste), (✳), fabricant de rubans, membre de la Chambre de Commerce de Saint-Etienne, membre du Conseil supérieur du Commerce, de l'Agriculture et de l'Industrie.

** TEXTOR DE RAVISI (Baron) (O. ✳), directeur-président de l'Athénée Oriental, président du Congrès provincial des Orientalistes, session de Saint-Etienne, etc., etc.

TÉZENAS DU MONTCEL, courtier en soie.

* THÉOLIER (Henri), rédacteur en chef du journal le *Mémorial de la Loire.*

THIOLLIÈRE-LASSAGNE, propriétaire.

THIVILLIER, négociant, membre de la Chambre de Commerce de Saint-Etienne.

TOURNAIRE (O. ✳), ingénieur en chef des mines du département de la Loire.

TRÈVES (Arthur), commissionnaire en rubans.

** VALENTIN, marchand de soies et cotons, conseiller municipal de Saint-Etienne.

** Varinard, avocat, secrétaire-archiviste de la Chambre syndicale de Saint-Etienne, membre de l'Athénée Oriental.

Verdié, maître de forges, membre de la Chambre de Commerce de Saint-Etienne, à Firminy.

Vial, négociant.

Vicaire, ingénieur des Mines, professeur à l'Ecole des mines, président du Cercle catholique.

Vuillermet, fondé de pouvoirs du Trésorier général de la Loire.

Weil (Daniel), commissionnaire en rubans.

Wolff (Louis), fabricant à métiers.

X..., un ingénieur-directeur de mines, à Saint-Etienne.

## III.

### LYON.

Arlès-Dufour, négociant.

Aynard (Edouard), banquier.

** Bellin (Gaspard), membre de la Société Asiatique, juge au Tribunal civil de Lyon, sanscritiste.

Bié père et fils, négociants.

Brossard, directeur du Musée industriel de Lyon.

Chabrières (Arlès), négociant.

Chabrières (Auguste), négociant.

*Chambre de Commerce* de Lyon.

Chantre (Ernest), sous-directeur du Muséum de Lyon.

Chevrier.

Coutagne (le docteur).

Dareste de la Chavanne (O. ✳), recteur de l'Académie de Lyon.

Desgeorges, membre de la Chambre de Commerce de Lyon.

** Desgrand (Louis), négociant, président de la Société de Géographie de Lyon.

DESGRANGES (le docteur), ancien chirurgien en chef de l'Hôtel-Dieu.

** GUIMET (Emile) (✳), archéologue, chargé par le Gouvernement d'une mission dans l'Extrême-Orient, président et membre de plusieurs sociétés savantes françaises et étrangères. (1)

LILIENTHAL, négociant.

LACROIX, COUSINS ET C^{ie}, négociants.

MALMUZET, négociant.

MILSONS, négociant.

MOSNIER-LODOIX.

PARIZET, membre de la Chambre de Commerce de Lyon.

PAYEN ET C^{ie}, négociants en soies.

PERROT (Jules) (✳), négociant.

PIATON, président des Hospices de Lyon, membre de la Société d'Ethnographie.

PILA (Ulysse), négociant.

ROBIN, consul de Turquie.

*Société de Géographie de Lyon.*

*Société des Sciences industrielles de Lyon.*

SOMMERVOGEL (le R. P.), directeur des *Etudes religieuses* de la Compagnie de Jésus, à Fourvières.

VACHEZ, avocat, archéologue.

VALLELION, négociant.


# IV.

## PARIS.

* BACHELIN-DEFLORENNE, libraire-éditeur.

* BAER (Joseph), libraire-éditeur.

---

(1) Président du Comité d'organisation du Congrès provincial des entalistes, 3^e *Session*. LYON (1878).

Barrot (F.) (✹), membre de la Société des Etudes japonaises.

Barthélemy Saint-Hilaire (C. ✹), membre de l'Institut, député.

Bescher, graveur en médailles.

Boieldieu (✹), compositeur de musique.

Bonnetty, directeur des *Annales de la philosophie chrétienne*.

Borel-d'Hauterive, bibliothécaire à la bibliothèque Sainte-Geneviève.

Broca (le docteur) (✹), directeur de l'Ecole d'anthropologie.

Burnouf (Emile), secrétaire de la Société des Etudes japonaises.

Burty (Adolphe), rédacteur de la *République française*.

Camille, membre de l'Athénée Oriental.

Castaing (✹), de la Société d'Ethnographie. (¹)

Cernuschi (Henri) (✹), voyageur autour du Monde.

* Chérié (A.), libraire-éditeur.

Chavée, professeur de linguistique comparée.

Chodzko (Alexandre) (✹), chargé de cours au Collége de France.

Cosson (le Baron de), délégué de l'Institution Ethnographique, à Londres.

** Croizier (le Marquis de) (✹), consul de Grèce. (²)

Dally (le docteur), président de la Société d'Anthropologie, de Paris.

** Delaporte (O ✹), lieutenant de vaisseau, explorateur au Cambodge, créateur du Musée Khmer de Compiègne.

Des Bassayns de Richemont (Baron Paul) (C. ✹), ancien sénateur.

** Duchateau, membre de la Société d'Ethnographie.

---

(1) Président de l'Athénée Oriental (1877).
(2) Fondateur-Président de la Société Indo-Chinoise (1877).

Duché (S.), publiciste.

Durenne (O ✱), maître de forges, membre de l'Athénée Oriental.

* Félicien David (C. ✱), de l'Institut, compositeur.

Féry, stéréotypeur.

Foucaux (✱), professeur au Collège de France, ancien président de l'Athénée Oriental.

Garcin de Tassy (✱), de l'Institut, professeur à l'Ecole spéciale des Langues orientales, ancien président de l'Athénée Oriental.

Geslin, architecte.

Halévy, lauréat de l'Institut.

Hervey de Saint-Denys (le marquis d') (✱), professeur de chinois au Collège de France.

Jourdain (O. ✱), de l'Institut, secrétaire-général du ministère de l'Instruction publique.

Jubin, directeur de la Société Franco-Japonaise.

Legrand (le D<sup>r</sup>), médecin, à Neuilly (Seine).

* Leroux (Ernest), libraire-éditeur.

* Lesouef, membre de l'Athénée Oriental. (1)

* Lesseps (Vicomte Ferdinand de) (C. ✱), de l'Institut, président-fondateur de la Compagnie du canal maritime de Suez (2).

** Lévy-Bing, banquier, membre de la Société Asiatique et ancien sous-directeur de l'Athénée Oriental.

Lucas (Charles), architecte.

Madier de Montjau, député de la Drôme.

** Madier de Montjau (Edouard), secrétaire-général du premier Congrès international des Orientalistes (Paris 1873), secrétaire perpétuel de la Société d'Ethnographie, président de la Société Américaine.

---

(1) Président de l'Athénée Oriental (1878).

(2) Président de la 2<sup>me</sup> Session du Congrès provincial des Orientalistes, Marseille (1876).

* Maisonneuve, libraire-éditeur.

* Marc (Auguste), rédacteur en chef du journal l'*Illustration*.

Marcel, publiciste.

Marceron, ancien élève de l'Ecole spéciale des Langues orientales, à Paris.

Marie-Cardine (W.), professeur à l'Association philotechnique de Paris.

Marre (Aristide) (O. ※), orientaliste.

Mayer fils, orientaliste.

Michon (J.-H.), membre de l'Athénée Oriental, inventeur de la *graphologie*.

* Möhl (Jules) (O. ※), secrétaire-perpétuel de la Société Asiatique, professeur au Collége de France.

Montagnon, typographe.

Mortemart de Marle (le Comte de) (※), inspecteur des Beaux-Arts.

Nibelle, compositeur de musique, à Paris.

* Oppert (Jules) (※), professeur au Collége de France, ancien président de l'Athénée Oriental.

Ory, trésorier de la Société des Etudes Japonaises.

Quantin, trésorier de la Société Américaine de France.

Rolland-Dalon (le Marquis de).

Rose (G. O. ※), vice-amiral ([1]).

** Rosny (Léon de), professeur à l'Ecole des Langues orientales, président du premier Congrès international des Orientalistes, président de la Société d'Ethnographie, ancien président de l'Athénée Oriental.

Rothschild (Baron Gustave de) (※), banquier.

Scaramanga, attaché à la Légation de Grèce.

Servant (O. ※), négociant en pelleteries, membre de l'Athénée Oriental.

---

[1] Président de la séance solennelle d'ouverture du premier Congrès international des Orientalistes (Paris, 1873).

** Schoebel, membre de la Société d'Ethnographie.

Soliman-al-Harairi, répétiteur d'arabe à l'Ecole spéciale des Langues orientales.

*Société Américaine de France.*

*Société d'Ethnographie.* — 4 souscriptions.

* Taranne (Ch.), successeur de Toulouse, libraire-éditeur.

* Thiers (A.) (G. ✳), de l'Académie française, ancien Président de la République.

Thorel (le docteur) (✳), explorateur au Cambodge.

* Valabrègue, rédacteur au journal le *Bien public.*

Vincent, orientaliste.


# V.

## DÉPARTEMENTS.

*Académie des Sciences*, à Toulouse.

** Adam (Lucien) (✳), procureur de la République, secrétaire-général du Congrès des Américanistes, à Nancy.

Anselme de Puysaie (d'), orientaliste, à Avignon.

Aubergier (✳), doyen de la Faculté à Clermont.

Aymard, président de la Société d'Agriculture, au Puy.

Balguerie (Raoul), chancelier du Consulat de Turquie, à Bordeaux (Gironde).

Barbier (l'abbé), membre de la Société Asiatique, curé de Saint-Souplet (Nord).

** Breittmayer (Albert), ancien sous-directeur des Docks, à Marseille. (¹)

Caffarena, avocat, secrétaire-général de la Société Académique du Var, membre de l'Athénée Oriental.

---

(1) Secrétaire-général du Congrès provincial des Orientalistes (2ᵐᵉ session, Marseille) (1876).

** Chabas (※), égyptologue, président de la Chambre de Commerce, à Châlon-sur-Saône.

*Chambre de Commerce de Bordeaux.*

*Chambre de Commerce de Châlon, Louhans et Autun,* à Châlon.

Champon (le R. P.), ex-professeur d'écriture sainte au Grand-Séminaire de Ghâzir (Syrie, Mont-Liban), à Vals, le Puy.

Chassaing, juge au Tribunal civil, secrétaire-général de la Société Académique de la Haute-Loire, au Puy.

Chavanon (l'abbé), orientaliste, à Annonay.

Cirot de la Ville (Mᵍʳ) (※), prélat romain, camérier secret de Sa Sainteté, doyen de la Faculté de Théologie, à Bordeaux.

Cliffe, manufacturier, à Saint-Quentin.

Dabadie, publiciste, à Bordeaux.

Dariès (C. ※), contre-amiral, à Qilhac (Gers).

David-Reynal, membre du Conseil Général de la Gironde, à Bordeaux.

Deutsch (Mᵍʳ) (※), camérier de Sa Sainteté, aumônier du Prytanée militaire, à la Flèche.

** Doudart de la Grée (O. ※), chef de bataillon en retraite, à Arras.

** Druilhet-Laffargue, président de l'Institut philosophique d'Aquitaine, à Bordeaux.

Dumas (Victor), de la Société d'Ethnographie, à Argenteuil.

Dumast (le Baron de) (※), correspondant de l'Institut, président du Congrès des Américanistes, à Nancy (Meurthe-et-Moselle).

Dupond (Albert) docteur ès-lettres, professeur au Lycée de Nantes.

Dupond, ancien entrepreneur de travaux publics et particuliers, à Toulouse.

*Echo du Velay* (l'), au Puy.

ESNARD, avocat, à Bayonne.

FAGARD, ancien notaire, à Bohain (Aisne).

FILOZ (✻), capitaine d'infanterie de marine, explorateur au Cambodge, a Cherbourg (Manche).

FOURNIER (M<sup>gr</sup> Félix) (✻), évêque de Nantes.

GIRON (Aimé), publiciste, au Puy.

GOASCARADEC (le Comte Hemery DE), à Saint-Brieuc.

GROLLEAU (M<sup>gr</sup>) (✻), évêque à Evreux (Eure).

*Institut philosophique d'Aquitaine*, à Bordeaux.

JULIEN (Félix) (O ✻), lieutenant de vaisseau, à Toulon.

LE MAIRE, ancien notaire, à Bohain (Aisne).

LEUPOL, membre de l'Académie Stanislas, à Nancy.

MARSY (le Comte DE) (✻), correspondant du ministère de l'Instruction publique, secrétaire de la Société archéologique de Compiègne.

MENANT (Joachim), assyriologue, à Rouen (Seine-Inférieure).

MOINE, publiciste, à Bordeaux.

MORISSET (l'abbé), directeur du Collége Saint-Eugène, à Lussac-les-Châteaux (Vienne).

PETIT (l'abbé), membre de la Société Asiatique, curé du Hamel (Oise).

*Progrès libéral* (la Rédaction du), à Toulouse.

ROBERT (Félix), conservateur du Musée, au Puy.

SAINT-AIGNAN (l'abbé Laurent DE), orientaliste, à Orléans.

SÉCRÉTAN, tourneur-mécanicien, à Toulon.

SEGUIER (DE), à Orléans (Loiret).

SEQUELIN (Fernand), orientaliste, membre de l'Athénée Oriental, à Nimes.

*Société Académique de Cherbourg.

*Société Archéologique de la Loire-Inférieure.

*Société d'Emulation de Saint-Brieuc*, à Saint-Brieuc.

*Société d'Emulation des Vosges*, à Epinal.

*Société Linéenne de Bordeaux*, à Bordeaux (Gironde).

Souplet (Henri), archéologue, à Saint-Quentin.

Sourbon, publiciste, à Bordeaux.

Tampier, consul de Turquie, à Bordeaux.

**Tenougi (le chanoine), orientaliste, à Marseille. [1]

Textor de Ravisi (Edouard), professeur au Conservatoire national de musique, à Nantes.

Vial (✳), capitaine de frégate, attaché à la Compagnie générale Transatlantique, au Hâvre.

** Villemereuil (de) (O ✳), capitaine de frégate, à Cherbourg.

Vincent, publiciste, à Bordeaux.

* Vinson (Julien), dravidiste, garde général des eaux et forêts, à Bayoum.


# VI.

## COLONIES FRANÇAISES.

** Aymonier, lieutenant d'infanterie de marine, professeur de cambodgien au Collége des Administrateurs stagiaires, Saïgon (Cochinchine).

* Burthey (le R. P.), missionnaire apostolique, au Maduré (Indes).

Bézavanda-Bapanaya (Naidou), de Yanaon (Indes),

* Canoz (Mgr), évêque du Maduré (Indes).

Doudart de la Grée (✳), président du Tribunal civil de Blidah.

** Hecquet (Emile), président du Conseil Général, à Pondichéry.

---

[1] Vice-président du Congrès provincial des Orientalistes (2me session, Marseille) (1876).

** Houdas, professeur à la Chaire d'arabe, à Alger.

** Pajot (Elie), propriétaire, à l'Ile-de-la-Réunion.

Letourneur (✳), conseiller a la Cour d'appel d'Alger.

* *Société des Sciences et Arts de l'Ile-de-la-Réunion.*

Savarayalounaiker, poëte hindou, à Pondichéry.


# VII.

## ETRANGERS.

### *MEMBRES HONORAIRES ET DÉLÉGUÉS*

* *Académie El Chark*, académie byzantine, à Constantinople.

* *Académie héraldique et généralogique d'Italie*, à Pise.

** Aga (le général), ministre plénipotentiaire de S. M. le Schah de Perse.

** Bas (de), capitaine de l'état-major général, à la Haye.

** Béchaux (Alfred), à Porrentruy (Suisse).

Birch (Miss Charlotte), au British Museum, à Londres.

** Birch (Dr S.), conservateur du British Museum, à Londres, président du Congrès International des Orientalistes (2e session, Londres).

** Blaise, professeur à l'Ecole normale du Grand-Duché de Luxembourg.

** Brugsch-Bey, conservateur des Musées, au Caire.

** Chil y Naranjo (docteur), membre de la Société d'Ethnographie, à Las Palmas (Grande-Canarie).

** Clarke (Hyde), membre de l'Institut Anthropologique, à Londres.

** Cosson (le Baron de), délégué général du Congrès International des Orientalistes, à Londres.

** Cunha-Rivara (Da), secrétaire du Gouvernement, à Goa (Indes).

** Douglas (Rob.-K.), professeur de chinois, au King's'College, à Londres, secrétaire général du Congrès International des Orientalistes (2ᵉ Session, Londres).

** Elliot (Sir Walter), ancien grand juge de la présidence
de Madras (Indes), vice-président de la deuxième Session
du Congrès international des Orientalistes, à Londres.

** Estlauder (le docteur), à Helsingfors-Finlande.

** Euting (le docteur), professeur à la Faculté, à Strasbourg.

** Grati (le Comte), avocat, président-fondateur de l'Académie *El Chark*, à Constantinople.

** Grigoriew (Bazile), président du Congrès international
des Orientalistes (3ᵉ Session, Saint-Pétersbourg), doyen de
la Faculté des Langues orientales à l'Université impériale
de Saint-Pétersbourg.

** Hellwald (Fr. de), lieutenant au 1ᵉʳ lanciers autrichien,
directeur de *Ausland*, à Canstatt (Wurtemberg).

** Humbert, ingénieur des mines, à San-Francisco, Californie.

Imamura Warau, répétiteur à l'Ecole spéciale des Langues orientales, à Paris.

* *Institut géographique , historique et archéologique de
Barthélemy Borghèse*, à Milan.

** Le Blois, pasteur protestant, à Strasbourg.

* Lubbock (Sir John), président de l'Institut Anthropologique, à Londres.

* Marécos (Don), directeur de l'imprimerie royale , à
Lisbonne.

** Mendoça-Cortez (Don Joao José), conseiller d'Etat, professeur à l'Université, à Coimbre (Portugal).

** Prudhomme (Nemours), commis de banque, à Madras.

** Seager, Elm house, Potters Bar, pays Barnet (Angleterre).

* Schulze, libraire-éditeur, à Leipzig.

** Severini (Antelmo), professeur de chinois et de japonais
à l'Institut de Perfectionnement de Florence.

** Silva (S. Exc. le Chevalier Da), architecte du Roi, correspondant de l'Institut, à Lisboa (Portugal).

*Société fraternelle de Bienfaisance pour l'Instruction primaire en Italie*, à Turin.

* *Société de Géographie de Genève*, à Genève.

** Steinthal, professeur de linguistique comparée à l'Université de Berlin.

** Torrès-Caicedo, ministre plénipotentiaire de la République de San-Salvador, membre de la Société d'Ethnographie.

** Trubner, éditeur oriental, à Londres.

** Turettini, orientaliste, directeur de l'Atume-Gesa, à Genève.

** Uréchio (le professeur), ancien ministre, à Bucharest (Roumanie).

** Vasquez Queipo (Don Vicente), membre de l'Académie de l'Histoire, à Madrid.

X..., ingénieur des mines, à New-York.

** Zélinski Louis (de), orientaliste, à Nijni-Novogorod (Russie).

SUPPLÉMENT

ANNUAIRE

DU

CONGRÈS PROVINCIAL DES ORIENTALISTES

(Deuxième et Troisième Sessions).

MARSEILLE (1876)

LYON (1878)

La publication de la 1<sup>re</sup> *Session* du Congrès provincial des Orientalistes, Saint - Etienne *(1875)* n'étant faite qu'en 1877, nous croyons être agréable à nos Collègues en leur donnant les principales indications sur la 2<sup>me</sup> *Session*, Marseille (1876), et, également, sur la 3<sup>me</sup> *Session* qui se tiendra à Lyon (1878).

# CONGRÈS PROVINCIAL DES ORIENTALISTES

## 2ᵐᵉ SESSION

## MARSEILLE — 1876

### Président d'honneur :

DONIOL (H.), correspondant de l'Institut, préfet du département des Bouches-du-Rhône.

### Président :

LESSEPS (le Vicomte Ferdinand DE), de l'Institut, président-fondateur de la Compagnie du Canal maritime de Suez.

### Vice-Présidents :

TENOUGI (l'abbé F.), chanoine, vice-président de la Société de Statistique de Marseille.

OUVRÉ, recteur de l'Académie de Clermont-Ferrand.

### Secrétaire-général :

BREITTMAYER (Albert), ancien sous-directeur de l'Exploitation des Docks et Entrepôts de Marseille.

### Secrétaires-Rédacteurs :

TEISSIER (Octave), archiviste de la Ville.

ALBRET (Alphonse D').

**Membres d'honneur :**

A. **Thiers**, membre de l'Académie française, ancien Président de la République.

*Le Cercle artistique.*

**Paranque** (Henri), propriétaire.

**Textor de Ravisi** (le Baron), Président de la 1re Session provinciale des Congrès des Orientalistes.

**Bas** (de), capitaine d'état-major, délégué à La Haye.

**Bellin** (Gaspard), juge suppléant à Lyon, délégué.

**Desgrand** (Louis), président de la Société de Géographie de Lyon.

**Girard** (A.), membre des Sociétés de Géographie, délégué au Caire.

**Grati** (le Comte), président de l'Académie byzantine El Chark, à Constantinople.

**Naville**, égyptologue, à Genève.

**Comité local d'organisation :**

**Tenougi** (l'abbé F.), vice-président de la Société de Statistique, *Président.*

**Talon** (J.), directeur de l'Exploitation des Messageries maritimes, *vice-président.*

**Breittmayer** (Albert), secrétaire - général du Congrès, *secrétaire.*

**Reynaud** (N.), professeur à la chaire d'arabe, *secrétaire-adjoint.*

**Aubert** (A.), secrétaire-général de la Société de Statistique.

**Bainier** (P.-F.), sous-directeur de l'École supérieure de Commerce.

**Chailan** (Alfred), armateur.

**Moreau** (Octave), assureur.

**Rebitté** (D.), professeur.

Reichlinp (Paul), professeur.

Reynès (Pierre), directeur du Muséum.

Rohx (Jules, fabricant de savon.

Salvador (E.), ancien sous-préfet.

Zifiropulo (Etienne), négociant.

### Commission centrale :

| | |
|---|---|
| Lesseps (Ferdinand de). | Teissier (Octave). |
| Tenougi (l'abbé). | Abert (Alphonse d') |
| Ouvré. | Bainier. |
| Breittmayer (A.). | Sicard (dr Adrien). |

### Commission de visites :

| | |
|---|---|
| Tenougi (l'abbé). | Bainier. |
| Breittmayer (A.). | Teissier (Octave). |
| Sicard (dr Adrien). | |

## BUREAUX DES SECTIONS

### 1re Section :

#### LINGUISTIQUE, ARCHÉOLOGIE, LITTÉRATURE, HISTOIRE ET BEAUX-ARTS

*Président* : M. le Baron Textor de Ravisi, président de la 1re Session du Congrès provincial des Orientalistes (Saint-Etienne).

*Vice-Président* : M. l'abbé Bargès, professeur d'hébreu à la Sorbonne.

*Secrétaire* : M. Lieutard, bibliothécaire de la ville de Marseille.

### 2me Section :

#### SCIENCES ET HISTOIRE NATURELLE

*Président* : M. le marquis de Clapiers, conseiller général.

*Vice-Président* : M. le dr Sicard (Adrien).

*Secrétaire* : M. Chaigneau, lieutenant de vaisseau.

### 3<sup>me</sup> Section :

GÉOGRAPHIE, COMMERCE ET INDUSTRIE

*Président :* M. DESGRAND (Louis), négociant, président de la Société de Géographie de Lyon.

*Vice-Président :* M. SALVADOR (Louis).

*Secrétaire :* M. BAINIER, sous-directeur de l'Ecole supérieure du Commerce.

# PRÉSIDENTS

DES SÉANCES DE LA DEUXIÈME SESSION DU CONGRÈS PROVINCIAL

(SESSION DE MARSEILLE)

1876

## 1<sup>re</sup> SÉANCE (4 octobre 1876).

SÉANCE PUBLIQUE D'OUVERTURE [1]

Présidence de M. le vicomte Ferdinand de LESSEPS, président du Congrès de Marseille.

BREITTMAYER (A), secrétaire-général, secrétaire [2].

## 2<sup>me</sup> SÉANCE GÉNÉRALE (5 octobre).

Présidence de M. le vicomte Ferdinand de LESSEPS, président du Congrès.

BREITTMAYER (A.), secrétaire-général.

---

[1] A l'ouverture de la séance, M. le baron TEXTOR DE RAVISI, *président du Congrès de Saint-Etienne* (1875), remet ses pouvoirs à M. le vicomte Ferdinand DE LESSEPS, *président du Congrès de Marseille* (1876).

[2] M. BREITTMAYER, secrétaire-général du Congrès, secrétaire des séances.

### 3<sup>me</sup> **SÉANCE GÉNÉRALE** (6 octobre).

Présidence de M. le chanoine TENOUGI, vice-président du
Congrès.

BREITTMAYER (A.), secrétaire général.

### 4<sup>me</sup> **SÉANCE GÉNÉRALE** (7 octobre).

Présidence de M. A. THIERS, de l'Académie française, ancien Président de la République française.

BREITTMAYER (A.), secrétaire-général.

### 5<sup>me</sup> **SÉANCE GÉNÉRALE** (9 octobre).

Présidence de M. le chanoine TENOUGI, vice-président du
Congrès.

BREITTMAYER (A.), secrétaire-général.

### 6<sup>me</sup> **SÉANCE GÉNÉRALE DE CLOTURE**
#### (10 octobre 1876).

Présidence de M. le chanoine TENOUGI, vice-président du
Congrès.

BREITTMAYER (A.), secrétaire-général.

---

Les Sections ont eu leurs séances particulières, chacune
dans leur local respectif, les 6, 7, 9 et 10 octobre 1875,
le matin.

Les séances générales de la Session ont eu lieu le soir.

---

# MEMBRES FONDATEURS

## DU CONGRÈS DE MARSEILLE

*La Ville de Marseille.*

Baux (Alphonse), négociant, 50, rue Vacon, — Marseille.

Breittmayer (Alb.), 2, place de la Préfecture, — Marseille.

Breittmayer (M^{me} V^e), — Marseille.

Cercle Puget, — Marseille.

Chailan (A.), négociant, 45, rue Montgrand, — Marseille.

*Compagnie des Messageries maritimes,* — Marseille.

Estrangin (Alexis), — Marseille.

Fraissinet (Adolphe), ancien député, armateur, place de la Bourse, — Marseille.

De Jessé (Antoine), avocat, rue Grignan, — Marseille.

De Lesseps (Ferd.), membre de l'Institut, Président fondateur de la Compagnie du Canal maritime de Suez, 9, rue Richepanse, — Paris.

Roux (Jules-Ch.), 81, rue Sainte, — Marseille.

*Société pour le développement et la défense du Commerce et de l'Industrie,* — Marseille.

*Société anonyme de Charbonnages des Bouches-du-Rhône,* — Marseille.

Tenougi (l'abbé F.), chanoine, vice-président de la Société de Statistique, 10, rue Périer, — Marseille.

Talon (J.), directeur de l'Exploitation des Messageries maritimes, 7, rue d'Arcole, — Marseille.

Tournaire (H.), maire de Marseille, — Marseille.

Zafiropulo (Etienne), cours du Chapitre, — Marseille.

# CONGRÈS PROVINCIAL DES ORIENTALISTES

## 3ᵐᵉ SESSION

## LYON — 1878

**Comité d'organisation:**

Présidence de M. Emile GUIMET.

Dans sa séance, tenue le 13 novembre 1877, le Comité d'organisation du Congrès provincial des Orientalistes, 3ᵐᵉ *Session*, LYON, a décidé ce qui suit :

Conformément au vote de la deuxième Session provinciale du Congrès des Orientalistes, tenue à Marseille en 1876, la TROISIÈME SESSION DE CE CONGRÈS SE TIENDRA A LYON.

En conséquence, le Comité local d'organisation formé à Lyon, sous la présidence de M. E. Guimet, a fixé la date de l'ouverture de cette Session au 24 août 1878.

Cette date a été choisie de façon à concorder avec celle du Congrès international des Orientalistes qui s'ouvrira à Florence le 1ᵉʳ septembre 1878. Les membres du Congrès de Lyon pourront ainsi se rendre également à celui de Florence.

Dans le programme de la Session de Lyon, une large part a été faite à l'étude des religions orientales. La récente mission de M. Émile Guimet, dans l'Extrême-Orient, a engagé, en effet, à profiter des nombreux documents religieux qu'il en a rapportés, et à mettre à l'ordre du jour les questions qu'il a étudiées sur place.

La présence à Lyon des Indous, Japonais et Chinois, attachés à l'École orientale fondée par M. E. Guimet, facilitera les travaux et leur donnera un intérêt tout particulier.

## LE COMITÉ D'ORGANISATION

### Présidents d'honneur :

TEXTOR DE RAVISI (Baron) (O. ❋), ancien gouverneur de Karikal, vice-président de la Société d'Ethnographie, *président de la première Session provinciale du Congrès des Orientalistes* (SAINT-ETIENNE).

LESSEPS (le Vicomte Ferdinand DE) (❋ G. O), président de la Compagnie du Canal de Suez, *président de la deuxième Session provinciale du Congrès des Orientalistes* (MARSEILLE).

### Président :

GUIMET (Emile) (❋), Président et membre de plusieurs Sociétés savantes françaises et étrangères, chargé par le gouvernement d'une mission dans l'Extrême-Orient.

### Vice-Présidents :

HIGNARD (❋), professeur à la Faculté des Lettres, président de l'Académie de Lyon.

GUINAND (abbé) (❋), professeur d'hébreu, doyen de la Faculté de Théologie, membre de l'Académie de Lyon.

DESGRAND (Louis), marchand de soies, président de la Société de Géographie de Lyon.

BELLIN (Gaspard), juge-suppléant, sanscritiste.

### Secrétaires :

PIQUET, japoniste.

CHANTRE (Ernest), sous-directeur du Muséum de Lyon.

### Trésorier :

ROBIN (Droche-Robin), banquier, consul de Turquie.

### Comité :

ARLÈS-DUFOUR (G.), marchand de soies.

AYNARD (Ed.), banquier.

BACOT, avocat.

BRUCKER (le R. P.), de la Compagnie de Jésus, rédacteur des *Etudes religieuses*.

BROSSARD, conservateur du Musée industriel.

BELOT, professeur à la Faculté des Lettres, orientaliste.

BUISSON (✻), président du Consistoire.

CHABRIÈRES (Maurice) (✻).

COIGNET, japoniste, ingénieur des mines du Mikado.

CAILLEMER (✻), doyen de la Faculté de Droit, correspondant de l'Institut, membre de l'Académie de Lyon.

CHABAS (✻), égyptologue, correspondant de l'Institut, membre de l'Académie de Lyon.

FAIVRE (✻), doyen de la Faculté des Sciences, secrétaire de l'Académie de Lyon (Sciences).

FERRAZ, professeur de Philosophie à la Faculté des Lettres, membre de l'Académie de Lyon.

FLOTARD (✻), ancien député, président de la Société d'Economie politique du Rhône.

HEINRICH (✻), doyen de la Faculté des Lettres, secrétaire de l'Académie de Lyon (Lettres).

HEDDE (Isidore) (✻), ancien délégué du ministre de l'Agriculture et du Commerce en Chine pour l'étude de la soie, sinologue.

Hénon (le d<sup>r</sup> Auguste), japoniste.

Lortet (le d<sup>r</sup>) (✳), doyen de la Faculté de Médecine, directeur du Muséum de Lyon, membre de l'Académie de Lyon.

Lacroix (Joseph), marchand de soies (Shanghai).

Lilienthal, banquier (Yokohama).

Milsom (Ed.), marchand de soies, sinologue.

Meyer (✳), officier d'administration.

Martin-d'Aussigny (✳), conservateur du Musée archéologique de Lyon, membre de l'Académie de Lyon.

Magnin (le d<sup>r</sup> Ant.) sanscritiste.

Noyer (Gustave), japoniste.

Naville (Ed.), égyptologue.

Panditileke, prêtre bouddhique.

Piaton (✳), président de la Commission des Hospices, vice-président de la Commission administrative de la Martinière.

Pila (Ulysse), marchand de soies (Shanghai).

Payen (Louis), marchand de soies (Calcutta).

Roches (Léon) (✳), ancien ministre plénipotentiaire de Turquie et du Japon.

Schoene, japoniste.

Thiers (Henri), gérant du *Salut public*, égyptologue.

Vieillard (✳), capitaine du Génie, japoniste.

Verny, ingénieur de l'arsenal de Yokoska, japoniste.

Weinberg, grand rabbin.

Yéméniz, consul de Grèce, membre de l'Académie de Lyon.

Ymaizoumi, lettré japonais.

# EXTRAIT DES STATUTS DE LA TROISIÈME SESSION

—

## LYON — 1878

ART. 4. — Feront partie du Congrès, et auront droit au compte-rendu imprimé de ses travaux, les personnes et les Sociétés savantes qui feront la demande d'une carte de membre en versant la somme de dix francs, montant de la cotisation.

Les dames seront admises à être membres de la Session.

ART. 5. — Sont nommées *membres fondateurs* du Congrès de Lyon les personnes qui souscriront, à son profit, une somme de *cent francs* au moins. — Leurs noms seront inscrits sur la première page du volume du compte-rendu des travaux du Congrès.

ART. 6. — Les avantages faits aux membres souscripteurs de la Session de Lyon sont les suivants :

1° Droit de présentation de leurs travaux et de ceux d'un tiers ;

2° Droit de discussion des travaux lus ou produits en séance ;

3° Droit gratuit au volume de la publication des travaux de la Session de Lyon ;

4° Droit de vote sur toute question qui sera soumise à l'Assemblée.

ART. 19. — La Session du Congrès de Lyon comprendra six séances générales :

1° Une séance consacrée au commerce et à l'industrie. Cette séance sera offerte à la Chambre de commerce, et présidée par le bureau de cette institution ;

2° Une séance consacrée aux sciences utiles, philologie et beaux-arts. Cette séance sera offerte à l'Académie des sciences, belles-lettres et arts de Lyon, et sera présidée par le bureau de cette Compagnie ;

3° Une séance où l'on traitera des religions anciennes de l'Egypte, de la Perse et de l'Assyrie ;

4° Une séance où l'on traitera des religions de l'Inde ;

5° Une séance où l'on traitera des religions de la Chine ;

6° Une séance où l'on traitera des religions du Japon.

Ces quatre dernières séances seront présidées par le président du Congrès, qui pourra disposer de sa présidence avec l'autorisation du Conseil.

Il y aura trois sections :

1° Commerce et industrie ;

2° Sciences, géographie, etc. ;

3° Religions.

Les sections se réuniront tous les matins des jours de séances.

ART. 15. — Aucune question ne pourra être discutée avant d'avoir été soumise au bureau du Conseil.

ART. 21. — Une fois toutes les dépenses de la Session et de ses publications soldées, le reliquat en caisse, s'il y en a un, sera distribué aux pauvres ou employé à l'encouragement des sciences, selon la décision du Comité local, décision qui sera rendue publique par la voie de la presse.

Les livres et manuscrits ou autres objets offerts au Congrès durant la Session, sans destination spécifiée, sont acquis de droit à une des bibliothèques ou à l'un des musées de la ville de Lyon, en souvenir *du troisième Congrès provincial des Orientalistes.*

En conséquence, les personnes qui enverront des mémoires et des travaux sont prévenues que leurs manuscrits ne leur seront pas rendus, sauf décision contraire du Comité.

# VOEUX

### ET

## DÉCISIONS PRISES

---

**EXTRAITS DES PROCÈS-VERBAUX DES SÉANCES**

DU

## CONGRÈS PROVINCIAL DES ORIENTALISTES

(1$^{re}$ et 2$^{me}$ Sessions)

SAINT-ÉTIENNE (1875)

MARSEILLE (1876)

Les Vœux *émis par les Sessions du Congrès provincial des Orientalistes* sont une des parties pratiques de l'Œuvre ; ils font connaître, *à qui de droit*, ce qui doit être fait plus particulièrement pour répondre aux besoins et aux aspirations de l'Orientalisme français.

Ces vœux, émanant de personnes qui s'intéressent spécialement aux sujets qui ont été traités, ayant obtenu l'approbation d'assemblées. dont la plupart des membres occupent un rang distingué dans toutes les classes de la société, ne peuvent manquer, *tôt ou tard*, d'être pris en considération et d'avoir une solution favorable.

En tout cas, ces vœux témoignent des idées et des tendances qui ont animé la majorité des membres de chaque Session, et, à ce point de vue, ils sont intéressants à reproduire. Ils seront, plus tard, un des côtés les plus curieux de cette œuvre provinciale.

# PREMIÈRE SESSION — SAINT-ÉTIENNE

## 1875

—

### EXTRAITS

DES PROCÈS-VERBAUX DES SÉANCES

—

## VŒUX ACCEPTÉS ET DÉCISIONS PRISES

**1° Vote du siége de la deuxième Session du Congrès provincial des Orientalistes.**

Villes proposées par la Commission nommée le 24 octobre 1875 : MARSEILLE, — ALGER, — ROUEN.

Nombre des votants. . . . . . . . . . . . 79
Majorité absolue. . . . . . . . . . . . . 40

    Marseille. . . . . . . . 61 voix.
    Alger . . . . . . . . . 17 »
    Rouen . . . . . . . . . 1 »

En conséquence de ce vote, le Président de la première session proclame la VILLE DE MARSEILLE comme devant être le siège de la *deuxième session du Congrès provincial des Orientalistes.*

### 2° Vœu présenté par M. Louis Desgrand,

Président de la Société de Géographie de Lyon.

Le Congrès des Orientalistes, dans sa Session provinciale de Saint-Etienne,

Considérant qu'il résulte, des documents soumis au Congrès, que, depuis la découverte du Nouveau-Monde, le commerce international de l'Europe s'est développé, étendu et a rendu des services humanitaires, en raison directe du progrès intellectuel et moral des populations;

Considérant que, si jusqu'à présent les commerçants indigènes des grands marchés asiatiques sont restés en arrière de ce mouvement, on constate, cependant, chez quelques-uns d'entre eux des efforts sérieux pour marcher dans la voie qui a si bien réussi à l'Europe ;

Considérant qu'il est dans l'intérêt du plus grand nombre de seconder un mouvement aussi favorable aux progrès économiques qu'au rapprochement pacifique des peuples entre eux ;

Considérant qu'un des moyens les plus certains et les plus prompts de réaliser ce but serait d'élever encore et surtout de compléter l'enseignement des écoles de commerce, si heureusement inauguré dans nos principales villes sous le patronage de leurs chambres,

Emet le vœu qu'il soit fondé en France un *Institut supérieur* de commerce, dont la mission consisterait à fournir aux diplômés des écoles de commerce, aux élèves consuls, ainsi qu'aux jeunes gens suffisamment instruits, le complément des connaissances nécessaires à la création et à la consolidation de rapports avec les négociants indigènes et plus spécialement parmi ces connaissances :

1° La législation commerciale comparée des diverses nations ;

2° L'enseignement des langues les plus usitées dans les grands centres commerciaux de l'Asie, des Indes, de la Chine et du Japon ;

3° Un cours de philosophie et d'esthétique appliqué au commerce.

Le Congrès arrête, aussi, qu'un extrait du présent vœu sera adressé aux diverses écoles de commerce en France, aux chambres qui les patronnent et à M. le Ministre de l'agriculture et du commerce.

Vœu adopté à l'unanimité, par acclamations.

### 3° Vœu présenté par M. Emile Guimet.

Création en province, dans un grand centre commercial, d'une chaire *libre* de langues orientales, soit de *chinois*, soit de *japonais*, soit de *chinois et de japonais*.

Vœu approuvé à la majorité.

### 4° Vœu proposé par M. le baron Textor de Ravisi.

M. de Ravisi expose que, dans les congrès internationaux des Orientalistes, à Paris et à Londres, il a été établi la haute importance que doit prendre dans la science orientale l'étude des *langues dravidiennes,* langues parlées par plus de 42 millions d'hommes ;

Que le *dialecte tamoul,* parlé par plus de 12 millions d'hommes, doit plus particulièrement attirer notre attention, attendu qu'étant celui des établissements français de Pondichéry et de Karikal, sa connaissance est indispensable à nos fonctionnaires civils et militaires, à nos marins et à nos commerçants;

Que la littérature dravidienne se recommande à l'attention sérieuse du monde savant, comme étant la plus riche de l'Inde dans toutes les branches et, de plus, celle de peuples qui ont le moins subi les conséquences des invasions venues du Nord et sont restés davantage autochtones.

Au point de vue commercial général, il expose que la connaissance pratique des langues et les relations directes sont les principales causes de réussite pour le succès des transactions commerciales avec les pays orientaux ;

Que les riches marchés de l'Extrême-Orient restent comme fermés à notre commerce et à notre industrie, malgré les traités avantageux passés par le Gouvernement, parce que trop peu de nos nationaux savent les langues orientales et que nous sommes obligés de passer par des agents intermédiaires locaux (anglais, américains ou allemands), ou par des interprètes indigènes ;

Par ces motifs, entr'autres, propose :

La création, à l'Ecole spéciale des langues orientales vivantes, à Paris, d'une chaire de *langues dravidiennes et de dialecte tamoul.*

Vœu approuvé à la majorité.

---

### 5° Vœu de M. l'abbé Martin.

Même vœu présenté par M. l'abbé Martin, chanoine de Sainte-Geneviève, membre de la Société asiatique, relatif à la création d'une chaire spéciale de langue *syrienne* ancienne et moderne au collège de France.

Vœu approuvé à la majorité.

---

#### 6° Vœux présentés par M. Le Mansois du Prey.

Le Congrès provincial des Orientalistes, session de Saint-Etienne,

Après avoir, durant sa session, entendu les communications de MM. Delaporte, Aymonier, Thorel et Ratte, sur le Cambodge ancien et moderne ;

Après avoir admiré les précieux dessins et moulages recueillis par M. Delaporte dans le cours de sa mission au Cambodge, ainsi que les importants manuscrits et calques d'inscriptions offerts au Congrès par la famille Doudart de la Grée, et les légendes colligées par M. le marquis de Croizier, ainsi que les importants travaux sur l'art Khmer du même auteur et ses essais de traduction des inscriptions rapportées en France ;

Emet les vœux suivants :

1° Au point de vue artistique :

Que le Gouvernement, après avoir aidé et favorisé la découverte de ces monuments, en mettant les explorateurs à même d'accomplir la mission sollicitée par eux, ne se contente pas d'un résultat, déjà si important, mais, au contraire, multiplie ses encouragements aux savants et aux navigateurs et provoque de nouvelles recherches au Cambodge ;

Que, par les moyens puissants dont il dispose, le Gouvernement donne la plus grande publicité aux richesses du Musée Khmer de Compiègne et à tous les travaux relatifs à l'art Khmer ;

Qu'il répande dans les bibliothèques de ville et dans celles des Sociétés savantes ces ouvrages, ainsi que les photographies et dessins de ces monuments.

2° Le Congrès profite de cette circonstance pour remer-

cier la Direction des Beaux-Arts d'avoir bien voulu lui faire
hommage de quatre moulages de monuments cambodgiens.

3° Au point de vue scientifique :

Vu l'importance des travaux de M. Aymonier et ses
savantes recherches sur la langue et la littérature Khmer,
ses découvertes si précieuses au point de vue de l'histoire
et de la littérature ancienne et moderne de ce pays ;

Vu les travaux parus et inédits de M. le marquis de
Croizier et de M. Moura, représentant du protectorat français au Cambodge ;

Considérant que le Cambodge est sous le protectorat
français et qu'il importe à l'art, au commerce et même à
la politique française, que la connaissance de la langue
cambodgienne soit répandue,

Emet le vœu :

Qu'une chaire de cambodgien soit créée à l'Ecole spéciale
des langues orientales, à Paris.

Vœux acceptés à l'unanimité, par acclamations.

---

### 7° Vœu émis par M. Alexandre Servant.

(EXTRAIT D'UNE LETTRE)

En présence de l'extension croissante que prend l'industrie étrangère au moyen des nouveaux débouchés qu'elle
sait se créer sur les marchés orientaux ;

Il faut que nous nous préoccupions sérieusement d'étudier et même de réaliser les voies et moyens pour faciliter
et engager les négociants et fabricants français à augmenter
leurs rapports avec l'Extrême-Orient.

Pour y arriver, il faut avoir des *consuls* ou *représentants*
connaissant davantage la pratique que la théorie, et plus
*négociants que diplomates.*

De la sorte, autant par des rapports pratiques, communiqués à notre pays, que par des correspondances directes, aides et conseils, ces agents augmenteront facilement notre commerce avec l'Extrême-Orient.

Vœu adopté à la majorité.

---

### 8° Vœu émis par M. Hequet,

Membre du Conseil général des établissements français dans l'Inde, à Pondichéry.

(EXTRAIT D'UNE LETTRE)

... Mon concours ne peut être que fort modeste, ma compétence se bornant à connaître simplement ce qui a trait au commerce et à l'industrie dans l'Inde.

Ce terrain est, cependant, assez vaste pour intéresser les négociants et les fabricants de la Métropole, qui, généralement, ignorent les ressources de l'Orient, tant pour l'importation des produits manufacturés de France, que pour l'exportation de matières premières, utiles à la consommation et à la fabrication françaises.

Pour s'en convaincre, il suffit de mettre en regard les principes économiques, appliqués en France et en Angleterre. L'industrie française n'a pas en vue un horizon aussi étendu que celui d'Outre-Manche. Plus habile, elle fait généralement mieux que sa concurrente ; mais celle-ci se contente de faire bien, à bon marché, en travaillant sur une échelle beaucoup plus considérable.

Pour arriver à ce résultat (qui assure le développement rapide du commerce, de l'industrie et de la marine), il faut des *relations directes* de la Métropole avec les pays de l'Afrique, de l'Asie, de l'Océanie et de l'Amérique ; il faut avoir des relations lointaines, utiliser les avantages que nos colonies, disséminées, présentent à l'initiative, à l'intelligence et à l'activité de nos concitoyens de la Métropole.

*Chaque possession de la France devrait être un* VASTE ENTREPOT *où la promulgation de nos codes eût une garantie sérieuse.* Combien la production française ne s'étendrait-elle pas si sa clientèle s'étendait sur plusieurs centaines de millions de personnes ?

Il me serait facile de discourir longuement sur ce vœu et de parler, avec preuves à l'appui, sur l'Inde française. Il est trop tard pour cette session, mais pour le prochain Congrès je reprendrai ce travail si le Congrès le juge utile.

Vœu adopté à la majorité.

----

### 9° Décisions proposées par le Bureau.

Le Congrès provincial des Orientalistes, session de Saint-Etienne,

Par l'organe de son Secrétariat-général, donne acte à la *Société de géographie de Paris* de la lettre officielle, par elle adressée, dans laquelle elle reconnaît que si, dans le discours, ou plutôt l'improvisation prononcée par M. de Quatrefages à la séance de distribution des récompenses du Congrès des sciences géographiques, les noms de *Mouhot* et *E. Doudart de Lagrée* (1) ont été omis dans l'éloge fait des explorateurs du Cambodge, c'est par oubli involontaire, et que ces noms seront insérés au procès-verbal officiel.

----

(1) L'orthographe *E. Doudart de Lagrée* sera adoptée dans tous les ouvrages scientifiques, parce que c'est ainsi que l'explorateur de l'Indo-Chine, commandant *Ernest de Lagrée*, a signé toute sa vie et que certains auteurs ont conservé cet usage, bien que le nom patronymique reconnu aux sceaux soit DOUDART DE LA GRÉE.

L'Assemblée applaudit à cette déclaration, en exprimant ses regrets au sujet de l'oubli commis dans une circonstance solennelle.

Le Congrès :

Après les nombreuses et intéressantes communications qui lui ont été faites sur les voyages d'exploration en Indo-Chine, ainsi que sur l'histoire, la littérature et les monuments du Cambodge,

Ayant pris connaissance des manuscrits laissés par le commandant E. Doudart de Lagrée, de la liste des inscriptions et des objets d'art recueillis par lui dans les ruines du Cambodge, et envoyés à Paris en 1866, et de divers documents inédits, fournis par sa famille ou ses compagnons d'armes ;

Considérant que :

Le commandant E. Doudart de Lagrée a, par son habileté, sa prudence et son patriotisme éclairés, assuré l'établissement du protectorat français au Cambodge ;

Que seul, il a dirigé l'exploration du Me-Kong et de l'Indo-Chine, dont le succès ne saurait être attribué à d'autre qu'à lui, la mort ne l'ayant frappé qu'après l'entier accomplissement de la mission qui lui avait été confiée ;

Que l'idée d'une voie commerciale à établir par le Song-Koï lui appartient en propre ;

Que par ses travaux épigraphiques, historiques et archéologiques, il a été le promoteur d'une branche d'études nouvelles : l'*Ethnographie du Cambodge* ;

Que ses recherches archéologiques et ses envois d'objets d'art constituent réellement les éléments des premières notions sérieuses que l'Europe ait possédées sur l'art Khmer, avant la création du musée de Compiègne par le lieutenant de vaisseau Delaporte ;

1° Décerne à MM. J. Doudart de la Grée, conseiller à la Cour d'appel d'Alger, et C. Doudart de la Grée, chef de bataillon en retraite, une médaille commémorative des services rendus par leur frère E. Doudart de Lagrée ;

2° Vote à la famille Doudart de la Grée des remerciements pour avoir mis à la disposition de Francis Garnier les manuscrits de son ancien chef d'expédition, avec lesquels il a pu rendre si complète la rédaction du voyage d'exploration en Indo-Chine et faire imprimer la traduction de la Chronique royale du Cambodge, dont l'auteur réel est le commandant de Lagrée ;

3° Vote l'impression dans les mémoires du Congrès de Saint-Etienne, par les soins de M. Aymonier, professeur de Cambodgien à Saïgon, des manuscrits indigènes recueillis par le commandant de Lagrée et offerts au Congrès par ses frères ;

4° Déclare, en outre, que le panégyrique du commandant E. Doudart de Lagrée n'enlève rien aux mérites du lieutenant de vaisseau Francis Garnier, dont Saint-Etienne s'honore d'avoir été le berceau, qui a rempli la douloureuse mission de ramener à Saïgon, avec ses compagnons de voyage, les dépouilles mortelles de leur chef, commandant l'expédition du Me-Kong, et qui, enfin, est tombé sur le champ de bataille au Tong-Kin en combattant pour la France et la cause de l'humanité.

Décisions prises à la majorité.

---

**10° Décisions proposées par le Bureau.**

Le Congrès provincial des Orientalistes, session de Saint-Etienne,

Après avoir décerné l'encouragement de ses meilleurs éloges aux membres des missions d'exploration du Cambodge et aux savants qui se sont occupés de l'art Khmer ;

Après avoir spécialement rendu la justice qui lui était due à la mémoire du commandant E. Doudart de Lagrée ;

Considérant qu'il a, également, un devoir juste et agréable à remplir envers la mémoire du capitaine *Francis Garnier*, natif de Saint-Etienne, qui, lui aussi, a beaucoup fait pour l'avancement de la science orientale et pour l'accroissement de la puissance de la France dans l'Extrême-Orient et qui est mort au champ d'honneur ;

S'associant à la décision prise, le 15 avril 1874, par le Conseil municipal de Saint-Etienne, ainsi conçue : « Le « Conseil vote l'érection, dans la ville de Saint-Etienne, « d'un monument à la mémoire de Francis Garnier, et l'ou- « verture, à cet effet, d'une souscription publique à la- « quelle la Ville prendra part pour une somme de 2,000 « francs. (1) »

1° Charge son Bureau de recueillir, de son côté, des souscriptions exclusivement parmi les personnes faisant partie du Congrès provincial des Orientalistes (session de Saint-Etienne), pour concourir à l'érection du monument destiné à perpétuer la mémoire de Francis Garnier ; (2)

2° Décerne un diplôme d'honneur à M^me Francis Garnier, née Knight, pour les services rendus par son mari à la science et à la Patrie. (3)

Décisions adoptées à la majorité.

---

(1) La commission nommée par le Conseil municipal pour s'occuper de la mise à exécution de cette délibération était composée de MM. Bréchignac, Carvès, Ligier et Thiollier, conseillers municipaux.

(2) Prénoms d'après l'état-civil : Marie-Joseph-François. *Francis* est un surnom.

(3) Quelques membres de la session ont, aussi, exprimé le désir que

**11° Vœux proposés par M. le baron Textor de Ravisi.** (1)

Considérant que les questions religieuses et philosophiques étant celles qui intéressent et qui passionnent davantage les hommes qui pensent, vouloir les bannir des programmes du Congrès provincial des Orientalistes serait lui enlever un de ses plus puissants et légitimes attraits ;

Mais attendu que les séances du Congrès sont des séances scientifiques et littéraires et qu'elles ne sauraient, sans violer les usages académiques et les lois en vigueur, être transformées en chaires de propagande religieuse ou philosophique ;

Le Congrès provincial des Orientalistes, dans sa première session, à Saint-Etienne,

Emet les vœux :

Les religions et les philosophies anciennes et modernes de l'Orient et de l'Extrême-Orient continueront à faire partie des études des sessions du Congrès provincial des Orientalistes ;

Mais les matières religieuses et philosophiques y seront renfermées strictement dans les limites naturelles de la discussion scientifique et historique, c'est-à-dire dans le domaine public de la science et de l'histoire de l'humanité ;

---

le Conseil municipal de Saint-Etienne, par extension de son vote du 14 avril 1874, donnât le nom de *Francis Garnier* à la rue appelée *rue de la Banque* (ancienne rue *Nouvelle-Boucherie*).

M. Francis Garnier est né, en effet, le 25 juillet 1839, rue de la Nouvelle-Boucherie, maison n° 1,

(1) A propos d'une des questions, mise à l'ordre du jour, plusieurs membres ont objecté que les matières religieuses ne devaient pas entrer dans les discussions du Congrès.

M. de Ravisi ayant rappelé ce qui s'était passé au Congrès international de Paris, et les principes de discussion adoptés dans la séance du 16 avril 1875, de la session préparatoire, a proposé le vœu n° 12, qui en est la consécration.

Et dans aucun cas, ces matières seront traitées au point de vue dogmatique et doctrinal, qui reste le domaine réservé et respecté de la doctrine et de la théologie.

Vœux adoptés à la majorité.

---

**12° Vœux proposés par M. le Baron Textor de Ravisi.**

Considérant que les relations des missions scientifiques entreprises dans les contrées de l'Orient, avec l'attache officielle du Gouvernement, obtiennent facilement toute la publicité et tous les encouragements qui leur sont nécessaires;

Mais que les relations des voyages exécutés par les touristes et les commerçants, par les fonctionnaires et les marins (dont un certain nombre présentent, néanmoins, des résultats très-intéressants), restent, pour la plupart, complètement ignorées du public et que le petit nombre d'entre elles qui se procure la publicité, n'obtient guère que celle de quelques articles de journaux (publicité éphémère et insuffisante, qui passe inaperçue le plus souvent pour les personnes qui s'intéressent davantage aux sujets traités) (1);

---

(1) Le nombre des personnes qui, ayant voyagé dans les pays orientaux, et qui, par ce fait, entre autres, se sont intéressées au Congrès et ont bien voulu en être membres, est *considérable*; aussi, nous ne citerons, ici, que les *voyageurs seulement qui étaient présents à la session* de Saint-Étienne et *ceux seulement* que nous connaissons.

MM. AYMONIER, lieutenant d'infanterie de marine, voyageur en Indo-Chine.

BOURGAUD, armurier, voyageur en Abyssinie.

DALLY, chef de bataillon d'infanterie, voyageur dans les Colonies françaises.

DELAPORTE, lieutenant de vaisseau, voyageur dans l'Indo-Chine et dans les mers de Chine et de l'Inde.

DUPUIS (le général), mandataire du maréchal Ma, voyageur en Chine et en Indo-Chine.

GUIMET (Emile), voyageur en Orient et en Egypte.

M. Emile Guimet a fait depuis lors son

Attendu que l'œuvre du Congrès provincial des Orientalistes, recherche les moyens de mettre en relations les représentants de la *science résultant de l'expérience et de la pratique, avec les maîtres autorisés de la science, fruit des labeurs de l'étude*, et, aussi, de procurer des renseignements utiles au développement de notre commerce et de notre industrie,

Le Congrès provincial des Orientalistes, dans sa première session, à Saint-Etienne,

Recommande particulièrement à l'attention des sessions ultérieures :

De rechercher les personnes qui pourraient donner par elles-mêmes des *renseignements scientifiques ou pratiques* sur leurs propres voyages dans les contrées de l Orient ;

D'encourager leurs communications verbales ou écrites ; et, enfin, de les mettre en relations avec les Orientalistes ou

---

grand voyage scientifique au Japon, en Chine et dans les Indes.

MM. Huvey, employé de commerce, voyageur en Orient (premier importateur en Europe des graines de vers à soie du Japon).

Madier de Montjau (Edouard), voyageur en Chine et au Japon.

Milsons, négociant, voyageur en Chine.

Porte (Edmond), employé de commerce, voyageur au Japon.

Ratte, ingénieur, voyageur en Indo-Chine.

Rolland (le général), voyageur aux Colonies françaises et au Mexique.

Schneider, lieutenant d'infanterie de marine, voyageur aux Colonies françaises.

Saint-Laurens, ancien payeur général, voyageur au Mexique.

Textor de Ravisi (baron), ancien chef de bataillon d'état-major d'infanterie de la marine, voyageur dans les Colonies françaises et dans l'Indoustan.

Thorel (docteur), chirurgien de la marine, voyageur en Indo-Chine.

Villemereuil (de), capitaine de frégate, voyageur dans les mers de Chine et de l'Inde.

Varinard, avocat, secrétaire-archiviste de la Chambre syndicale, voyageur en Syrie et en Egypte.

avec les industriels et les négociants, auxquels ils paraî-
traient pouvoir procurer des renseignements ou des documents quelconques, utiles pour leurs travaux spéciaux ou
pour leur industrie ou leur commerce.

Vœux adoptés à la majorité.

### 13° Décision proposée par la Commission centrale et exécutive de Saint-Étienne. (1)

Considérant que le règlement général des sessions du
Congrès provincial des Orientalistes qui a été décidé
dans la séance du 26 décembre 1874 de l'Athénée Oriental,
(Session inaugurale du Congrès provincial des Orientalistes),
s'est trouvé insuffisant pour régler plusieurs difficultés et
plusieurs incidents qui se sont produits au sujet de la
Session de Saint-Etienne,

Le Congrès provincial des Orientalistes, Session de Saint-
Etienne, décide :

1° Un nouveau projet de règlement de l'œuvre du Congrès provincial des Orientalistes sera élaboré par M. le baron
Textor de Ravisi, en sa double qualité de président-directeur de l'Athénée Oriental et de président du Congrès provincial des Orientalistes (1$^{re}$ Session).

2° Le dit règlement sera présenté successivement à
l'Athénée Oriental et à la 2$^{me}$ Session du Congrès provincial des Orientalistes, puis sera soumis à l'approbation définitive de la 3$^{me}$ Session du Congrès.

Vœu adopté à la majorité.

---

(1) M. de Ravisi ayant exposé sommairement qu'il avait paru nécessaire à plusieurs membres que le règlement du 26 décembre 1874 fut
revu, cette décision est intervenue.

**14.° Vœux proposés par le Bureau de la session.**

Le Congrès provincial des Orientalistes, session de Saint-Etienne,

Emet les vœux :

1° Que les *bibliothèques* et *les musées publics des départements* consacrent une salle spéciale aux objets, curiosités, livres, manuscrits, etc., etc., provenant de l'Orient et de l'Extrême-Orient ;

2° Que les conservateurs dressent des catalogues raisonnés desdites richesses asiatiques que possèdent leurs bibliothèques et leurs musées ;

3° Et, également, des catalogues des principales richesses artistiques de l'Orient et de l'Extrême-Orient, qui se trouvent chez les amateurs de leur région, qui ont figuré dans les expositions publiques, notamment dans les expositions des sessions du Congrès provincial des Orientalistes.

Vœux adoptés à la majorité.

---

*Le Congrès laisse à son Bureau le soin de poursuivre l'exécution de ses vœux et décisions devant qui de droit.*

---

Nota. — Plusieurs propositions importantes, qui ont été émises pendant le cours des séances et qui figurent dans les procès-verbaux, devraient être ajoutées à ces vœux, mais leurs auteurs n'en ont pas désiré la mention spéciale ou bien ils ont déclaré n'avoir voulu qu'attirer l'attention du Congrès sur leurs idées et lui demander l'appui de son autorité.

Parmi ces derniers auteurs figure, par exemple, M. Léon de Rosny, pour son beau système de notation des langues orientales à l'aide d'un alphabet auquel il a donné le nom d'*Alphabet international linguistique.*

# VŒUX ÉMIS PAR LA DEUXIÈME SESSION

—

## MARSEILLE — 1876

—

### EXTRAITS DES PROCÈS-VERBAUX DES SÉANCES

**1° Vœu présenté par M. le vicomte F. de Lesseps,**
Président-Fondateur de la Compagnie du Canal maritime de Suez,
Président du Congrès de Marseille.

L'Assemblée du Congrès exprime le vœu que la grande idée dont le Roi des Belges est le promoteur, *l'Association internationale pour la civilisation et l'exploration de l'Afrique intérieure*, arrive, avec le concours de tous les pays qui y sont intéressés, à être prochainement couronnée de succès.

*(Séance d'ouverture du 4 octobre 1876).*

—

**2° Vœu présenté par M. Albert Breittmayer.**
Ancien sous-directeur de l'exploitation des Docks et Entrepôts de Marseille,
Secrétaire général du Congrès de Marseille.

Création d'une Société des amis des sciences archéologiques auprès du Musée du château Borely.

*(Séance générale du 6 octobre 1876).*

—

**3° Vœu présenté par la 2ᵉ section.**
*(Sciences et Histoire naturelle).*
Président : M. LE MARQUIS DE CLAPIERS, Conseiller général.

Le Congrès des Orientalistes de Marseille, désirant que les études sur l'influence des divers climats soient profitables au monde entier, forme le vœu que l'Institut de France et l'Observatoire de Paris donnent des instructions qui, étant assimilées à l'étalon du mètre pour les mesures, soient aussi sans conteste la loi de tous.

*(Séance générale de clôture du 10 octobre 1876).*

### 4° Vœu présenté par M. Lientaud,
**Bibliothécaire de la ville de Marseille.**

Une disposition législative oblige les éditeurs à déposer deux exemplaires de chaque ouvrage nouveau. Ces deux exemplaires sont envoyés à Paris. Les villes et les départements n'ont point l'avantage de posséder les OEuvres, fruit du travail et des études locales.

M. Lieutaud propose d'adresser une pétition à la Chambre pour qu'un troisième exemplaire soit exigé, exemplaire qui serait destiné à la bibliothèque du chef-lieu du département où l'ouvrage aurait paru. Le département de la Seine, où se trouve la Bibliothèque nationale, serait exempté.

*(Séance générale de clôture du 10 octobre 1876).*

### 5° Vœu présenté par la 1re section.
*( Linguistique, Archéologie, Littérature, Histoire et Beaux-Arts )*
Président : M. LE BARON TEXTOR DE RAVISI,
Président du Congrès de Saint-Etienne.

Rétablissement, à Paris, de la chaire de Zend, supprimée à la mort de Burnouf.

*(Séance générale de clôture du 10 octobre 1876)*

### 6° Vœu présenté par M. Alfred Rabaud,
**Négociant.**

Fondation d'une Société de géographie à Marseille.

*(Séance générale de clôture du 10 octobre 1876).*

### 7° Vœu présenté par M. l'abbé Tenougi,

Vice-président du Congrès de Marseille.

Etablissement à Marseille d'une chaire de Malais et de Tamoul, langues d'un usage universel dans l'Extrême-Orient.

*(Séance générale de clôture du 10 otobre 1876).*

---

### 8° Vœu présenté par M. Rebitté,

Professeur.

Création à Marseille d'un Institut des langues commerciales.

*(Séance générale de clôture du 10 octobre 1876).*

---

*Le Congrès laisse à son Bureau le soin d'adresser ses vœux, soit à la Chambre des Députés, soit au Ministre compétent, selon qu'il jugera opportun.*

---

### 9° Vœu présenté par M. Gaspard Bellin,

Juge suppléant au Tribunal civil de Lyon,

### et Louis Desgrand,

Président de la Société de Géographie de Lyon.

L'assemblée, sur la demande adressée par écrit à M. le Président du Congrès par M. Gaspard Bellin, tant en son nom qu'en celui de M. Louis Desgrand, désigne, à *l'unanimité*, LA VILLE DE LYON POUR ÊTRE LE SIÉGE DE LA SESSION SUIVANTE.

*(Séance générale de clôture du 10 octobre 1876).*

---

### 10° Vœu présenté par M. le Baron Textor de Ravisi,

Président du Congrès de Saint-Etienne.

Projet d'adoption d'un règlement constitutif et d'ensemble de l'OEuvre du Congrès provincial des Orientalistes. (1) L'assemblée n'agrée pas cette proposition. (2).

---

(1) Proposition de M. de Ravisi :

Considérant que le Congrès provincial des Orientalistes a eu deux sessions, l'une à Saint-Etienne (1875) et l'autre à Marseille (1876), plus une session inaugurale à Paris (1874) ;

Attendu que l'intérêt particulier de chaque session exige qu'il y ait un *règlement spécial et local,* mais aussi que l'intérêt général de l'œuvre demande qu'il y ait un *règlement constitutif et d'ensemble* ;

1° Un projet de règlement constitutif de l'œuvre du Congrès provincial des Orientalistes sera présenté à la 3^me session, celle de Lyon, 1878.

2° Les anciens bureaux des sections de Paris, Saint-Etienne et Marseille seront invités à présenter chacun un projet, résultat de leur propre expérience.

3° Ces quatre projets seront fondus en un seul, à la session de Lyon, par une commission composée des délégués de chacun des dits quatre bureaux.

4° Ce projet définitif sera présenté à l'Assemblée comme règlement ultérieur constitutif et d'ensemble de l'œuvre du Congrès provincial des Orientalistes.

(2) M. l'abbé Tenougi, vice-président du Congrès, et M. A. Breittmayer, secrétaire-général, s'élèvent successivement contre l'adoption *d'un règlement définitif.*

M. Tenougi voit dans cette règlementation l'écueil principal des Congrès. Les discussions qui se sont élevées entre l'Athénée Oriental de Paris et le Congrès de Saint-Etienne en sont la preuve. Marseille a su rester indépendante et réussir par ses seules forces ; elle a préparé et organisé son Congrès, et elle n'a pas à se plaindre du résultat. Il est préférable que chaque session agisse avec une pleine liberté.

M. Albert Breittmayer rappelle que Marseille (*deuxième session*) a fait suite à Saint-Etienne (*première session*), dont le bureau lui a transmis ses pouvoirs, qu'il remettra lui-même, tels qu'il les a reçus. Il n'y a là qu'une dénomination d'ordre et de rang. Le Congrès actuel est une œuvre entièrement marseillaise.

# EXPOSÉ

## DE LA SUITE DONNÉE AUX VŒUX

### Emis dans les Sessions

DU

## CONGRÈS PROVINCIAL DES ORIENTALISTES

A chaque Session du Congrès provincial des Orientalistes un compte-rendu doit être présenté concernant la suite qui a été donnée aux vœux émis dans les sessions précédentes.

M. le Baron Textor de Ravisi, président de la première session, Saint-Etienne, a fait cet exposé à la deuxième session, Marseille (*Séance publique du 4 octobre 1876*).

Voici un exposé de la situation, au 31 décembre 1877, concernant les vœux des Sessions de Saint-Etienne et de Marseille, et de ceux de la Session inaugurale de Levallois-Paris.

# ATHÉNÉE ORIENTAL

## Session inaugurale — Levallois-Paris

### 1874

### SITUATION DES VŒUX ÉMIS DANS LA SESSION

Les vœux émis par l'Athénée Oriental, dans la session inaugurale de LEVALLOIS-PARIS, relatifs à la première session du Congrès provincial des Orientalistes, ont eu leur entier accomplissement : **la ville de Saint-Etienne** *avait été choisie pour être le siége de la session*, et le BARON TEXTOR DE RAVISI, Directeur-Président de l'Athénée Oriental, *avait été élu pour être le président de cette session.* (1)

Le Congrès a eu lieu du 19 au 25 octobre 1875. La ville de Saint-Etienne a tenu à honneur de lui accorder une protection et une hospitalité aussi brillantes que généreuses (2) ; elle a voulu même consacrer le souvenir de la

---

(1) Voir page 29.

(2) MAIRIE DE SAINT-ETIENNE EN 1875 :

*Maire :* M. Moyse, notaire.

*Adjoints :* MM. Hutter, directeur des Mines de Montrambert ;
        Tardy, avocat ;
        Cros, fabricant de rubans ;
        Faure, rentier ;
        Fourneyron. fabricant de rubans ;
        Barbier, fabricant de chaux.

fondation de cette INSTITUTION PROVINCIALE par le tissage d'un magnifique ruban artistique, en satin broché soie et or.

Au-dessus de son écusson, encadré de branches de chêne, on lit :

« *1re Session provinciale du Congrès des Orienta-listes, Saint-Etienne*, 19-25 *octobre* 1875. »

Au-dessous se trouve cette dédicace :

« *Offert par la Ville de Saint-Etienne.* »

Le nombre et la valeur des personnes amies de l'Orientalisme, qui, à Saint-Etienne, à Paris, dans les départements et à l'étranger, ont bien voulu répondre à l'appel qui leur a été fait, a été considérable (1), et, d'un autre côté, l'abondance, la nouveauté et l'intérêt des matières envoyées et traitées par les Orientalistes français et étrangers, ont dépassé toutes les espérances ; enfin, le montant réalisé des souscriptions n'ayant pu suffire, par suite de circonstances imprévues et diverses, à faire face à toutes les dépenses de la session, M. de Ravisi a achevé de remplir *personnellement* toutes les promesses faites par le programme.

Les *principales* causes d'excédant de dépenses sur les recettes ont été les suivantes :

Les frais de la publicité indispensable (prospectus, avis, circulaires, invitations), pour faire connaître, en France, en Europe et en Asie, cette œuvre *nouvelle* et inviter à y concourir, ont été plus considérables qu'on avait pu le supposer, et, d'un autre côté, la correspondance a été très-active et très dispendieuse avec les nombreux inté-

_______

(1) Au 25 octobre 1875, le nombre des membres était de 556. Une liste supplémentaire doit comprendre les personnes dont les adhésions sont arrivées après la clôture de la session.

ressés et invités au Congrès. L'impression du volume du
COMPTE-RENDU DE LA SESSION INAUGURALE DE LEVALLOIS-
PARIS (ouvrage offert en prime aux 200 premiers souscripteurs de la Session de Saint-Etienne) a été beaucoup plus
élevée qu'il avait été prévu. Les *séances préparatoires*
de la Session, qui, dans l'origine, devaient se borner à
deux ou trois, ayant dû avoir lieu hebdomadairement
(de mai à octobre), afin de faire connaître et apprécier
l'œuvre, il en est résulté des dépenses continuelles ;
enfin, le directeur du grand théâtre de Saint-Etienne a
fait payer 1,000 fr. la location de sa salle pour la représentation et le concert offerts aux membres du Congrès,
(exigence de la dernière heure sur laquelle on ne comptait
pas).

Les mécomptes financiers de la session de Saint-Etienne
ont servi d'expérience aux sessions de Marseille et de
Lyon, et ils serviront aux suivantes.

C'est une bonne fortune pour le Congrès d'avoir été
tenté à Saint-Etienne, dans une grande cité manufac-
turière et commerciale, c'est-à-dire dans un milieu où
l'esprit public est davantage positif et pratique. M. de
Ravisi, en effet, a pu constater (tout aussitôt qu'il a commencé ses conférences publiques pour faire connaître
l'œuvre), que la réussite du Congrès était complètement
impossible *si l'œuvre se tenait dans les voies académiques ordinaires,* nonobstant les brillants succès obtenus
par les Congrès internationaux tenus à Paris et à Londres.
Il a donc résolûment modifié le but et les tendances du
Congrès provincial ; *à l'orientalisme littéraire et scientifique,* prisé seulement par un public spécial, il a ajouté
dans le programme *l'orientalisme pratique et utile,* profitable au plus grand nombre.

C'est alors seulement que le haut public stéphanois a accepté l'œuvre décentralisatrice, entrevoyant dans la vulgarisation des livres et des travaux des maîtres et des amis de l'orientalisme de nouvelles sources de documents et de renseignements scientifiques profitables à tous, aux meilleurs rapports des peuples entre eux ; enfin, à une appréciation plus sérieuse et devenue nécessaire des hommes et des choses de l'Orient et de l'Extrême-Orient.

Tous les organes de la presse stéphanoise (1) et plusieurs de la presse régionale, ont prêté à l'œuvre l'appui le plus effectif et le plus bienveillant ; non seulement ils ont bien voulu lui consacrer plusieurs articles sérieux, mais encore *ils ont reproduit gracieusement* ses programmes, ses avis et ses comptes-rendus. Sans ce puissant et intelligent concours, l'œuvre fût restée renfermée, comme les travaux de nos sociétés académiques de province, dans un petit cercle spécial d'adhérents et d'intéressés, au lieu de s'étendre rapidement, d'occuper l'opinion publique et, tout aussitôt, d'obtenir son vivifiant suffrage.

Le programme général de la session de Saint-Étienne, les programmes des séances et des travaux, la liste des ouvrages et des livres envoyés au Congrès (dons des ouvrages et des livres ont été faits à la Bibliothèque de la

---

(1) M. Henri Théolier, rédacteur en chef du *Mémorial de la Loire et de la Haute-Loire*, rue Gérentet, 12.

M. Peychez, rédacteur en chef du *Républicain de la Loire et de la Haute-Loire*, rue de la République, 14.

M. Forestier, gérant du journal *le Stéphanois*, rue de la Bourse, 2.

M. Plancher, rédacteur du journal *le Télégraphe*, rue de la République, 29.

M. Parret, rédacteur-gérant de la *République des Paysans*, rue de la République, 14.

ville), les programmes des excursions et des fêtes, etc., etc., figurant dans le présent volume du compte-rendu, dispensent d'entrer, ici, dans d'autres détails.

Le Congrès provincial des Orientalistes a été proposé par *Paris*, fondé par *Saint-Etienne*, accepté par *Marseille* et continué par *Lyon*. Cet assentiment effectif, donné par nos trois grandes cités du centre et du midi, témoigne hautement que CETTE ŒUVRE PROVINCIALE EST DÉFINITIVEMENT COMPRISE ET ACCEPTÉE PAR LA PROVINCE, aussi, attend-elle, avec confiance, les précieux concours de l'*Ecole spéciale des Langues orientales vivantes* et du *Collége de France,* et la haute protection de l'*Institut de France.*

Espoir que les résultats sérieux de la 3^{me} Session (Lyon 1878) lui assureront ce triple succès, qui est sa noble ambition.

# PREMIÈRE SESSION — SAINT-ÉTIENNE

## 1875

## SITUATION DES VŒUX ÉMIS DANS LA SESSION

MARSEILLE a répondu dignement à l'appel de Saint-Etienne *(vote n° 1 )*. La DEUXIÈME SESSION DU CONGRÈS a eu lieu du 4 au 5 octobre 1876.

Marseille a continué l'œuvre de Saint-Etienne ; mais a fait scission avec Paris, c'est-à-dire avec l'Athénée Oriental. Il faut reconnaître que cette situation était forcée, en présence de la décision du 12 novembre 1875, rendue par la Commission exécutive de Paris, qui dissolvait le Congrès provincial des Orientalistes et l'Athénée Oriental et qui leur substituait l'*Association des Orientalistes*.

La session de Marseille a parfaitement réussi. La vaste salle du *Cercle artistique* s'est trouvée trop petite pour contenir le nombreux public d'élite qui se pressait aux séances. Toute la presse locale, sans distinction d'opinions, a témoigné son intérêt effectif à l'OEuvre en donnant journellement dans ses colonnes des comptes-rendus détaillés.

La présidence du Congrès par M. le vicomte FERDINAND DE LESSEPS, Président-Fondateur de la Compagnie maritime de l'Isthme de Suez, membre de l'Institut, eût suffi pour consacrer le succès de la session marseillaise ; mais la présidence d'une séance (celle d'Egyptologie) par M. A. THIERS, membre de l'Académie française, ancien Président de la République française, en a fait en grand événement local. Plus de 20 à 25,000 personnes s'étaient entassées dans les rues environnant la salle du Congrès, afin de saluer à son entrée et à sa sortie, l'illustre vieillard, L'ENFANT DE MARSEILLE. M. A. Thiers a écrit que le Congrès provincial des Orientalistes resterait l'un de ses meilleurs souvenirs (1) ; ajoutons : *et l'un de ses derniers !...*

Le compte-rendu des travaux du Congrès de Marseille a paru en 1877. Il forme un beau volume grand in-8°, de 385 pages. Il n'a été tiré qu'à 373 exemplaires pour les membres du Congrès ; aucun exemplaire n'a été mis en vente.

Le vœu n° 2, relatif à la création d'un *Institut supérieur de Commerce*, a favorablement capté l'attention publique ; aussi est-il en bonne voie de solution.

M. Louis Desgrand, s'appuyant sur ce qu'il avait exposé à Saint-Étienne *au point de vue théorique*, a présenté ses idées à Marseille *au point de vue pratique*, au moyen d'un questionnaire. Les vingt-quatre questions posées ont été l'objet d'une discussion approfondie.

Ce questionnaire a été publié dans le volume des travaux de la session de Marseille. Plusieurs mémoires y ont répondu, concluant tous à la prise en considération du projet.

La *Société nationale d'éducation de Lyon*, frappée de l'importance du vœu émis par la session de Saint-Étienne, a soumis la question à l'épreuve d'une vaste enquête et en a publié les intéressants résultats. Elle a pris, ensuite, la décision suivante : « Adopte le rapport de sa Commission,

---

(1) Lettre du 12 novembre 1876 au baron Textor de Ravisi.

charge son Président de la communiquer à chacune des Chambres de Commerce de Paris, de Lyon et de Marseille, avec prière d'aviser aux moyens d'assurer l'exécution de ce projet. »

La Chambre de Commerce de Paris a mis le projet à l'étude. La Chambre de Commerce de Lyon hésite à se réunir à celle de Paris ; mais elle acceptera si cette dernière l'y invite. La réponse de la Chambre de Marseille est attendue.

La Société nationale d'éducation ayant fait sien le projet d'un Institut des hautes études commerciales, sa création doit être considérée comme assurée, car l'initiative lyonnaise A TOUJOURS su fournir les fonds nécessaires aux institutions qu'elle croit utiles.

———

Le vœu n° 3, de M. E. Guimet, relatif à la création, en province, dans un grand centre commercial, d'une chaire *libre* de langue orientale, soit de *chinois*, soit de *japonais*, soit de *chinois et de japonais* est réalisé... mais il est réalisé par lui-même... A SES PROPRES FRAIS !

Honneur à cet ami généreux de l'Orientalisme pratique !

M. E. Guimet, à la suite de sa mission au Japon, en Chine et aux Indes, *fonde, à ses frais, à Lyon*, non seulement une chaire de chinois et de japonais, mais « une ÉCOLE, dans laquelle les jeunes Orientaux pourront venir apprendre le français et les jeunes Français pourront étudier les langues mortes ou vivantes de l'Extrême-Orient. »

« Cette école aura des professeurs indigènes, de croyances différentes. Je suis déjà assuré, dit-il, du concours de cinq sectes bouddhistes japonaises, de deux sectes bouddhistes indiennes, d'un confucéen et de plusieurs shintoïstes. »

« J'ai tout lieu de supposer que cette institution, aussi utile aux INTÉRÊTS COMMERCIAUX qu'à la PHILOSOPHIE et à la PHILOLOGIE, sera fréquentée par de nombreux jeunes gens de Lyon, qui se destinent au commerce extérieur ou que l'éloignement de la capitale prive des moyens de se livrer aux études des langues. »

« Cette école sera en relation constante avec les correspondants spéciaux que j'ai établis dans l'Inde, la Chine, le Japon, et toute personne qui s'intéresse aux questions religieuses pourra y trouver des informations sûres et immédiates. (1) »

Le vœu n° 4, du baron Textor de Ravisi, concernant la création d'une *chaire de langue* TAMOULE à l'Ecole des langues orientales, *àParis*, et le vœu n° 8, de M. Emile Hecquet, demandant que *chaque possession de la France devienne un vaste entrepôt où la promulgation de nos codes aurait une garantie sérieuse*, ont été envoyés, en leur temps, à la Députation de l'Inde française à l'Assemblée nationale. Ce ne sont pas des questions dont la solution puisse être rapidement obtenue, aussi la Députation sera-t-elle priée instamment de vouloir bien continuer de faire le nécessaire devant les autorités et les influences compétentes.

M. le comte de Richemont, alors député, actuellement sénateur, a commencé des démarches que M. Godin, député actuel, a bien voulu poursuivre. M. Godin a présenté, en

___

(1) Rapport au Ministre de l'Instruction publique et des Beaux-Arts sur la mission scientifique de M. Emile Guimet dans l'Extrême-Orient (Lyon, 15 avril 1877).

1877, un amendement destiné à obtenir la création d'une chaire de langue de tamoule à l'Ecole des langues orientales, lors de la discussion du budget de l'Instruction publique à la Chambre des députés. Le ministre, alors M. Waddington, déclara que *la question n'était pas étudiée par son département, mais qu'il l'examinerait avec tout le soin nécessaire.* Sur ce, l'amendement a été retiré.

Espoir que la Députation poursuivra sa revendication, et que la question aura été étudiée, *cette fois,* par la Direction de l'Ecole des langues orientales vivantes.

————

Le vœu n° 5, de M. l'abbé Martin, relatif à la création d'une chaire de langue *syrienne* ancienne et moderne, au collége de France, et le vœu n° 6, de M. Le Mansois du Prey, concernant la création d'une chaire de *cambodgien* à l'Ecole spéciale des langues orientales vivantes, n'ont pas encore été pris en considération. Ils n'aboutiront probablement qu'après la création d'une chaire de langue *tamoule.*

Tous les vœux émis par le Congrès provincial des Orientalistes, concernant la *création de nouvelles chaires de langues vivantes* sont viciés, il faut le reconnaître, d'une tache originelle, celle de la provenance d'*une institution* PROVINCIALE *non encore acceptée* ni par le Collége de France, ni par l'Ecole des langues orientales. Ses vœux, quelques motivés qu'ils soient, ont donc la malechance (et c'est leur plus grand tort !) d'avoir contre eux les dispositions systématiquement défavorables des directions de ces deux grands établissements supérieurs. Pourquoi ? *That is the question....*

Cependant, comme l'érection de ces chaires est d'une

utilité incontestable, qu'on se place au point de vue scientifique comme au point de vue politique ou commercial,
et, par conséquent, que *tôt ou tard l'opinion publique interviendra en leur faveur*, ce n'est donc qu'une affaire de
temps : temps perdu, ajoutent les hommes pratiques !

———

. C'est au Congrès de Saint-Etienne que les grandes et intéressantes questions, concernant le Cambodge *(Khmer)*, ont
été exposées, pour la première fois, au monde savant, et par
les explorateurs *eux-mêmes*. L'importance du vœu n° 6
exige donc des développements sur la suite qui lui a été
donnée.

« *Que le Gouvernement multiplie ses encouragements
aux savants et aux navigateurs, et provoque de nouvelles
recherches au Cambodge.* »

1° *Encouragements aux savants et aux navigateurs.*

M. le lieutenant de vaisseau Delaporte, déjà officier de la
Légion d'Honneur, a été nommé officier de l'Instruction publique. Les différents membres de la mission archéologique
que cet officier a dirigée au Cambodge ont été nommés Officiers d'Académie. MM. l'ingénieur Bouillet et le docteur
Harmand ont reçu la croix de la Légion d'Honneur. M. le
marquis de Croizier, qui avait pris une part active à l'organisation de la mission, a reçu, sur la proposition et par l'entremise de l'amiral Dupré, gouverneur de la Cochinchine,
la croix d'officier de l'ordre royal du Cambodge. En lui
envoyant les insignes de cet ordre, par l'intermédiaire de
la Société de Géographie de Paris, l'amiral-gouverneur le
remerciait de *l'empressement avec lequel il avait coopéré*

*à l'organisation de la mission* et le priait de considérer la distinction qu'il lui adressait *comme le témoignage de sa satisfaction pour le service qu'il avait rendu à la colonie en cette circonstance.* M. Faraut a été nommé chevalier du même ordre. M. Charles Blanc, M. Charles Simon, feu M. Alexandre, MM. Lafenestre et Comte (qui, comme directeur des Beaux-Arts, chef du cabinet du Ministre de l'Instruction publique, chef du bureau des Beaux-Arts et sous-chefs à la Direction des Beaux-Arts), avaient facilité à M. Delaporte l'accomplissement de sa mission, ont été nommés, le premier commandeur, et les autres chevaliers de l'ordre du Cambodge. M. Maunoir, secrétaire général de la Société de Géographie, a reçu la même distinction. Nous sommes heureux d'apprendre que M. E. Escallier, chef du service de la souscription à la direction des Beaux-Arts, doit, également, recevoir la croix du Cambodge.

M. le lieutenant de vaisseau Delaporte a été détaché au dépôt de cartes et plans de la Marine pour mettre en œuvre les richesses artistiques qu'il a recueillies. M. Faraut lui a été adjoint.

2° *Que le Gouvernement provoque de nouvelles recherches au Cambodge.*

La Direction des Beaux-Arts a confié une nouvelle mission archéologique au Cambodge à M. Faraut.

M. Faraut, après avoir visité avec la mission Delaporte la région orientale du grand lac, avait découvert, dans la province de Suren, un grand nombre de monuments. Seul, avec des ressources restreintes, il avait rendu à l'archéologie un service inestimable. En lui confiant une nouvelle mission, la Direction des Beaux-Arts a donc fait œuvre de justice. Malheureusement, à son arrivée à Saïgon, M. Faraut a dû reprendre son service de *conducteur des*

*ponts et chaussées de* 3^me *classe* et déposer, dans les caisses
et les magasins du Gouvernement, les crédits et les présents
qui lui avaient été remis à Paris. Il y a, cependant, lieu
d'espérer que le gouverneur de la Cochinchine, M. l'amiral
Lafont, arrive à concilier les exigences du service et les
intérêts de la science.

M. le lieutenant d'infanterie de marine Aymonier, a été
autorisé, par l'amiral gouverneur, à visiter les monuments
Khmer de la Cochinchine septentrionale.

M. le lieutenant de vaisseau Moura, chef du protectorat
français au Cambodge, a reçu un congé pour explorer
les ruines Khmer de la Cochinchine occidentale à la fron-
tière Sud-Est du Cambodge.

Le D^r Harmand a reçu des ministères de l'Instruction
publique et de la Marine une très-importante mission scientifique en Indo-Chine, qui a été terminée par un voyage de
Phnom Peng à Hué, par la voie de terre. Les travaux du docteur ont porté principalement sur l'ethnographie, l'histoire
naturelle et la géologie, mais ils n'ont pas négligé l'archéologie, et, comme l'a dit M. de Quatrefages, les matériaux
artistiques, réunis par M. Harmand, sont nombreux et
entièrement nouveaux.

*3° Que le Gouvernement donne la plus grande publicité
aux richesses du Musée Khmer de Compiègne et à tous les
travaux relatifs à l'art Khmer :*

Un seul ouvrage a paru sur le Musée fondé par M. Delaporte : *L'Art Khmer, Etude sur les monuments de l'ancien Cambodge, avec un Traité sur l'architecture Khmer.
La description des monuments découverts et le Catalogue
raisonné du Musée Khmer de Compiègne,* par M. le marquis de Croizier, 1 vol. in-8°, PL. et carte, Paris, 1873,
Leroux, édit. — Le Gouvernement a fait une importante

souscription à cet ouvrage et l'a envoyé à un grand nombre de bibliothèques. La plupart des Sociétés savantes l'ont également reçu et son auteur a été nommé membre correspondant, à titre honorifique, de notre *Société académique de la Loire*, de la *Société académique des Alpes-Maritimes*, de la *Société de Climatologie algérienne*, de l'*Académie italienne des sciences naturelles*, de l'*Académie byzantine El Chark*, des *Sociétés de Géographie d'Anvers et de Lisbonne*, de l'*Institut R. G. D. de Luxembourg*, etc., etc. Un nouvel ouvrage de M. le marquis de Croizier va paraître, consacré, cette fois, uniquement au musée Khmer. *Le Musée Khmer : Notice des monuments cambodgiens du musée de Compiègne*, 1 vol. in-18, de la collection elzévirienne, PL. et carte, Paris, 1878, Leroux. Une étude spéciale est consacrée dans cet ouvrage à chacun des morceaux d'architecture recueillis par la mission archéologique.

Sous le titre de *Légendes indo-chinoises relatives aux monuments de pierre de l'ancien Cambodge*, M. de Croizier a fait paraître un grand nombre de traductions qui ne peuvent tarder d'être réunies en volume.

Par la création du Musée ethnographique, établi au Palais des Champs-Elysées par les soins de M. le baron de Watteville, directeur des Sciences et des Lettres au ministère de l'Instruction publique, le Gouvernement a encore donné une nouvelle impression aux études d'archéologie Khmer. Les richesses recueillies par le D<sup>r</sup> Harmand ont figuré à cette exposition, à côté de quelques morceaux de sculpture empruntés au musée Delaporte.

Enfin, il a été décidé qu'une reconstitution d'un monument Khmer trouverait sa place à l'Exposition universelle de 1878.

2° AU POINT DE VUE SCIENTIFIQUE :

*Qu'une chaire de cambodgien soit créée à l'école des langues orientales, et que la connaissance de la langue cambodgienne soit répandue.*

Si des nécessités budgétaires ont empêché le Ministère de l'Instruction publique de pouvoir donner satisfaction à la première partie de ce vœu, la seconde partie a, du moins, été prise en sérieuse considération.

L'imprimerie nationale de Saïgon a fait paraître en autographie, entre autres travaux de M. Aymonier, une nouvelle édition remaniée du *Manuel de la langue cambodgienne* de Janneau. On sait que le regretté M. Janneau n'avait fait, lui-même, que développer le travail du P. Levavasseur, mort il y a cent ans. Les études de linguistique Khmer, fondées par le P. Levavasseur, reprises de notre temps par M. Janneau, ont donc été continuées par M. Aymonier. Pour bien montrer toute l'importance qu'il attache à ces études, le Gouvernement a récemment appelé cet officier distingué à la Direction de l'Ecole des Administrations stagiaires, et l'Institut de France lui a décerné un de ses prix. M. le lieutenant de vaisseau Moura vient de donner chez l'éditeur Challamel un *Vocabulaire Cambodgien-Français*.

La Bibliothèque nationale de Paris a enrichi sa section de manuscrits orientaux de l'importante collection Hennecart, composée de manuscrits cambodgiens et de travaux inédits sur la langue cambodgienne, laissés par le regrettable docteur Hennecart. M. Léon Feer a consacré à cette collection une étude fort sérieuse dans le *Journal asiatique*.

Avant le Congrès de Saint-Etienne, les études cambodgiennes étaient à peine enfantées. Aujourd'hui, elles ont grandi et elles occupent une place importante dans le domaine de la science. Cette place, c'est à ce Congrès qu'elles la doivent. Il faut lire le compte-rendu des séances préparatoires qui ont précédé notre Congrès pour voir comment nous vint l'idée de grouper les amis des études cambodgiennes, à la suite d'un envoi de M. le marquis de Croizier et quel fut l'aide que nous rencontrâmes chez ce savant, véritable auteur du mouvement scientifique qui a fait entrer l'Inde Transgangétique dans le domaine de l'Orientalisme français, qui recueillit les adhésions de MM. Delaporte, Thorel, de Villemereuil, Ratte, de la Grée, Marcel, comte de Mortemart, Nibelle, Scaramanga, M$^{gr}$ Cirot, Esnard, de Bas, Aymonier, etc., etc.

M. le marquis de Croizier a continué son œuvre. Il a fondé à Paris, pour l'étude scientifique de l'Inde Transgangétique, de l'Inde française et de l'Archipel indien, la *Société académique Indo-Chinoise*, dont il a été élu président à l'unanimité. Les études cambodgiennes sont inscrites en première ligne du programme de la nouvelle Société.

La Société compte parmi ses premiers membres inscrits : le Président du Congrès de Saint-Etienne, M. le baron Textor de Ravisi. Ses Secrétaires sont MM. Aristide Marre, le commandant de La Grée et Adolphe Nibelle, membres du Congrès stéphanois. Le Conseil de la Société compte encore d'autres membres du Congrès stéphanois : le comte de Mortemart, M. Garcin de Tassy et le marquis d'Hervey de Saint-Denys, tous deux membres de l'Institut, le docteur Legrand, le lieutenant de vaisseau Delaporte, etc.

Le premier acte de la Société académique Indo-Chinoise a été de nommer membre honoraire l'abbé *Bouillevaux*, ancien missionnaire au Cambodge. Cet ecclésiastique, aujourd'hui curé à Longeville (Haute-Marne), visitait, dès 1850, les premiers monuments du Cambodge. *Il a donc précédé dans la voie des découvertes* l'anglais King, de sept ans, le français H. Mouhot, de douze ans, le commandant de la Grée, de treize ans, l'allemand Bastian, de quatorze, la commission du Mé-Kong et Francis Garnier, de dix-sept, les anglais Kennedy et Thomson, de seize, et la mission Delaporte, de vingt-trois années.

Son premier volume de mémoires contient des travaux archéologiques signés Bouillevaux, Delaporte, D^r Harmand, des études philologiques, par MM. Garcin de Tassy, de l'Institut, le Père Biet, Marquis de Croizier et l'abbé Favre, professeur à l'école spéciale des langues orientales ; un résumé historique, par M. Henri Houssaye ; une communication de M. Nibelle sur la musique indo-chinoise et un exposé de la collection de manuscrits malais, de la Bibliothèque nationale, par M. Marre.

La Société académique Indo-Chinoise se propose de reconstituer l'histoire de l'ancienne civilisation du Cambodge, d'enregistrer les résultats acquis et de combler le *desiderata* de la science Khmer. Dans le domaine de la linguistique, elle réunit les éléments d'un *corpus* d'inscription Khmer. Ses travaux doivent figurer à l'Exposition universelle de 1878 où un emplacement lui a été concédé.

On le voit, les études cambodgiennes, sous l'impulsion du Congrès de Saint-Etienne, ont pris un grand développement. Elles prendront chaque jour plus d'extension, nous en avons la confiance, lorsque des recueils comme la *Revue orientale et américaine*, le *Bulletin de la Société de Géographie*, la *Revue des Deux Mondes*, l'*Artiste*, la *Revue de France*, le *Journal asiatique* et vingt autres de cette haute valeur insèrent des travaux consacrés au Cambodge et signés Delaporte, Aymonier, de Croizier, Harmand, Hamy, Thorel, de Villemereuil, Meyners d'Estrey, etc., et que le mouvement se fait sentir jusqu'à l'étranger et se traduit par des études signées Fergusson, en Angleterre, Bastian et Hellauld, en Allemagne, da Silva et San Januario, en Portugal.

Il faudra bien peu de temps pour que le vœu n° 6 soit entièrement accompli et le jour est proche où *l'école des langues orientales comptera une chaire de cambodgien.*

————

Le vœu n° 7, concernant la nécessité pour nos intérêts commerciaux dans l'Extrême-Orient d'avoir des *consuls ou représentants plus négociants que diplomates*, trouvera sa satisfaction naturelle dans la création d'un Institut supérieur de Commerce, qui fournira des sujets connaissant la pratique autant que la théorie commerciale. (Vœu n° 2).

Le vœu de M. A. Servant, de Paris, ne doit donc pas être séparé de celui de M. Louis Desgrand, de Lyon. Ce sont ceux de deux chefs distingués de grandes maisons, qui, amis sérieux de la science, apportent l'esprit pratique des affaires dans les sessions du Congrès provincial des Orientalistes.

————

Les décisions n° 9 et n° 10, concernant le commandant *E. Doudart de Lagrée* et le capitaine *Francis Garnier*, témoignent, par des faits, de l'utilité pratique des sessions du Congrès provincial des Orientalistes.

Une revendication *publique* était devenue nécessaire en faveur de E. Doudart de Lagrée, après la séance solennelle de la Société de Géographie de Paris. En la circonstance, elle eût été insuffisante par la presse. Il est juste de dire que, dès le 12 août 1875, M. le marquis de Croizier avait protesté, par une lettre-circulaire adressée à tous ses Collègues du Congrès des sciences géographiques de la Société de

Géographie de Paris. La protestation du marquis de Croizier, avait été lue en séance publique à la Société de Géographie (V. *Bulletin de la Société de Géographie*, 1875, t. II, page 551) et avait été insérée dans un grand nombre de journaux. M. le baron Reille, commissaire général du Congrès, au nom du Congrès, et M. Ch. Maunoir, secrétaire général de la Société de Géographie, au nom de la Société, avaient donné acte à M. de Croizier de sa prostestation ; enfin, le frère du regrettable commandant de Lagrée lui avait adressé la lettre suivante :

« Veuillez m'excuser si, sans avoir l'honneur d'être « connu de vous, je vous adresse mes remerciements « pour la prostestation que vous avez adressée au Congrès « des sciences géographiques, au sujet de l'exclusion « dont semble avoir été frappé mon frère, le capitaine de « frégate Doudart de la Grée. Il m'est doux et consolant « de voir, après un oubli si regrettable, sa chère mé- « moire réhabilitée par des personnes éminentes dans « les sciences et les lettres. *J'espère que l'œuvre de ré- « paration dont vous venez de prendre l'initiative*, et qui « a trouvé de si chaleureux imitateurs (1), produira son « effet et ramènera, peu à peu, les esprits à une ap- « préciation plus juste et surtout plus impartiale. »

La session stéphanoise a eu la bonne fortune de servir de chaire de discussion et de publicité contradictoires aux compagnons et amis du commandant E. Doudart de Lagrée.

M. le commandant de Villemereuil, en leur nom et en celui de la famille de la Grée, a exposé, avec autorité, la part incontestable de E. Doudart de Lagrée dans l'établisse-

---

(1) Les imitateurs dont parlait M. de la Grée étaient les D⁰ˢ Thorel et Joubert, les commandant et capitaine de Villemereuil et Delaporte, etc.

ment du protectorat français au Cambodge, et que, seul, il avait dirigé et conduit l'exploration du Mé-Kong ; puis, il a fait connaître ses beaux et importants travaux scientifiques.

M. Carvès, ancien maire-adjoint de la ville de Saint-Etienne (1), au nom des amis de Francis Garnier et en celui de sa famille, a exposé la courte et brillante carrière du capitaine Garnier, ses services, ses travaux scientifiques et sa mort glorieuse. Il a établi, aussi, la partin contestée que lui assignaient les Annales de la Cochinchine et celles du monde savant ; il a justifié, enfin, le vote du Conseil municipal de Saint-Etienne d'avoir voulu honorer sa mémoire.

Ces délicates revendications contradictoires ont été faites avec la plus grande dignité, la plus parfaite convenance et la plus stricte impartialité. Chaque parti n'a voulu que remettre en lumière, avec pièces à l'appui, des faits laissés dans l'oubli, mal connus ou mal appréciés. Aussi ces panégyriques de bon aloi, où l'éloquence du cœur s'est souvent manifestée, resteront-ils gravés dans l'esprit du nombreux public d'élite devant lequel ils ont été prononcés.

Deux gloires, *parallèles mais non rivales*, si l'on peut parler ainsi, ont été mises en relief à la session de Saint-Etienne, et ce sera son plus beau titre. Hommages solennels, en présence des parties intéressées et des témoins, rendus à la mémoire de deux braves et savants officiers morts au champ d'honneur, trop tôt enlevés à la science et à la marine. Saint-Vincent-de-Mercuze et de Saint-Etienne peuvent être fiers de E. Doudart de Lagrée et de Francis Garnier, dont les noms resteront en tête des fastes de l'histoire de l'expansion de la France dans l'Indo-Chine et dont les travaux inaugureront dignement les Annales de la science européenne dans cette région !

_______________

(1) Ancien aspirant de 1re classe de la marine (1845).

La ville de Saint-Etienne, qui avait pris l'initiative en
faveur de la mémoire de Francis Garnier, a cru devoir, par
raisons de haute convenance, ajourner ses intentions, afin de
donner satisfaction aux susceptibilités du Ministère de la
Marine, qui souhaitait voir honorer, en même temps, la mémoire de Doudart de Lagrée. *Ce vœu est accompli.* Sur
l'initiative et par les soins du contre-amiral Baron Duperré,
gouverneur de la colonie, le gouvernement de la Cochinchine
vient de faire élever, à Saïgon, sur la promenade publique,
un magnifique mausolée au chef de l'exploration du Mé-
Kong (1). Rien n'arrête donc plus Saint-Etienne dans sa lé-
gitime intention de perpétuer, aussi, la mémoire du jeune
officier de marine, dont il s'honore justement d'avoir été le
berceau.

---

Le vœu n° 11, de M. de Ravisi, demandant que les religions et les philosophies de l'Orient et de l'Extrême-Orient
continuassent à faire partie des études des sessions du Congrès provincial des Orientalistes ne fait plus question : tous
les Orientalistes sont actuellement d'accord sur ce point.

A Marseille, les matières religieuses et philosophiques qui
ont été présentées ont été abordées dans le cours des séan-

---

(1) On lit l'inscription suivante sur l'une des faces de la pyramide :

« A la mémoire de DOUDART DE LAGRÉE (Marc-Ernest), capitaine de
« frégate, chef de l'exploration du Mé-Kong, né à Saint-Vincent-de-Mer-
« cuze, le 31 mars 1823, décédé à Tong-Tchuen (Yuannan), le 12 mars
« 1868. »

Sur la table de marbre du socle se trouve cette autre inscription :

« Lorsque ce feu sacré qui fait oublier les souffrances physiques
« n'eut plus d'aliment ; lorsque nous touchions au port, à une journée
« de marche de ce fleuve Bleu tant désiré, la mort vint le ravir à
« ses compagnons de voyage. »

Le Baron Duperré a extrait cette phrase de *l'Introduction mise par le
Docteur Joubert en tête de la partie géologique* rédigée par lui dans le
voyage d'exploration en Indo-Chine (Rédaction officielle).

ces ; mais à Lyon une très-large part spéciale leur sera faite (quatre séances sur six). Il y a lieu, en effet, de faire profiter la science des nombreux et précieux documents religieux rapportés par M. E. Guimet de sa mission : « Près de trois mille volumes sont déjà rassemblés (ouvrages sanscrits, tamouls, singalais, chinois, japonais et européens), traitant particulièrement les questions religieuses. »

C'est dans l'application persistante du vœu n° 12 que réside le succès et l'avenir des sessions provinciales. Seul entre les Sociétés orientalistes, le Congrès a pour objectif précis « *de mettre en relations les représentants de la science résultant de l'expérience et de la pratique, avec les* MAITRES AUTORISÉS *de la science, fruit des labeurs de l'étude.* » C'est en cela que le Congrès est réellement utile et c'est par là qu'il a conquis ses plus précieux suffrages.

Puisse les sessions ultérieures avoir les mêmes succès que celles de Saint-Etienne et de Marseille, par la présence, à leurs séances, de *voyageurs* en Asie et en Egypte.

Saint-Etienne a eu la bonne fortune, non-seulement d'avoir des VOYAGEURS tels que *MM. E. Porte* (Japon), *Huvey* (Japon), *Bourgaud* (Abyssinie), *Varinard* (Egypte), *Textor de Ravisi* (Hindoustan) ; mais, encore, des VOYAGEURS-SAVANTS, tels que *MM. E. Guimet* (Asie et Egypte), *E. Madier de Montjau* et *Milson* (Chine et Japon) ; et, enfin, des VOYAGEURS-EXPLORATEURS ET SAVANTS, tels que *MM. Delaporte, Aymonier, Thorel* et *Ratte* (Indo-Chine), et *M. Dupuis* (Chine et Indo-Chine), etc., etc. (1)

_______

(1) M. Dupuis étant arrivé à Saint-Etienne au moment de la clôture de la session, ses mémoires scientifiques sur l'exploration du *Fleuve Rouge* (Kong-Kiang), n'ont pu qu'être indiqués. Le Bureau les a en-

Les séances des sections du Congrès de Marseille ont été sans cesse animées et rendues intéressantes par les relations de capitaines *(amis de la science)*, qui avaient voyagé dans l'Orient et l'Extrême-Orient. Aussi, le vif regret que les amis de l'œuvre ont éprouvé, en ce qui concerne la session marseillaise, c'est que plusieurs *maîtres de Paris* n'y fussent pas venus, dans leur propre intérêt d'abord, et, ensuite, dans celui de la science. Ils y auraient recueilli, pour la branche spéciale de l'orientalisme dans laquelle ils ont fait leur réputation, des documents inédits et spéciaux qu'il n'eût dépendu que d'eux d'obtenir aussi complets qu'ils l'eussent désiré.

Espoir que la session lyonnaise ne laissera aucun regret de ce côté !

---

Le vœu n° 13, concernant la *réglementation générale de l'œuvre du Congrès provincial des Orientalistes*, a été repoussé à la session de Marseille ; mais il faut reconnaître que cette grave question n'était pas assez mûre et que la discussion ne pouvait pas, alors, s'appuyer suffisamment sur l'expérience des faits accomplis.

M. de Ravisi présentera donc à la session de Lyon le *projet de Statuts* qui fait l'objet de sa circulaire imprimée du 31 décembre 1875. Le texte de ce projet, déjà modifié par des observations importantes qui ont été faites par les amis de l'œuvre, n'est destiné qu'à servir de base à une

---

voyés, de sa part, à la session de Marseille, qui les a mis à l'ordre du jour et en a rendu compte dans son volume.

Quant à ses mémoires politiques, M. Bertholon, député de Saint-Etienne à l'Assemblée nationale, s'en est chargés. La Commission des pétitions a pris connaissance des revendications en indemnités faites par M. Dupuis au Gouvernement français, qui ne s'élèvent pas à moins de vingt-quatre millions de francs. L'affaire est en cours d'instruction.

discussion sérieuse pour arriver à un projet définitif. On a vu, dans l'introduction, qu'il y avait, actuellement, *sept projets* de règlementation se partageant les opinions des promoteurs et des amis de l'œuvre provinciale.

———

Les conservateurs des bibliothèques et des musées, ceux de *Marseille exceptés*, n'ont pas encore tenté de donner satisfaction au vœu n° 14. Il était prévu qu'il en serait ainsi tant que l'invitation n'en arriverait pas du Ministère de l'Instruction publique ou qu'un grand exemple ne leur serait pas offert, qui stimulerait leur initiative individuelle.

L'invitation ministérielle n'a pas encore été demandée, mais un exemple va être donné, *unique, encore, en son genre !...*

M. E. Guimet, pour ASSURER UN ASILE CONVENABLE à tous les trésors qu'il a rapportés (achats et transports *à son compte)* de son voyage en Orient, fonde, à Lyon, **à ses frais**, « un *musée religieux* qui contiendra tous les dieux de l'Inde, de la Chine, du Japon et de l'Egypte. Ces deux dernières collections sont déjà complètes. »

Non-seulement les plans de ces musée et bibliothèque sont dressés, mais la construction du monument est commencée et sera très-activement poursuivie.

Ce monument grandiose sera digne de la ville de Lyon et il perpétuera dignement la mémoire de M. E. Guimet, son généreux fondateur, et le souvenir, aussi, de la 3me session du Congrès provincial des Orientalistes, *qui sera son œuvre.* (Lyon, 1878).

M. Julien Duchâteau, orientaliste (ancien secrétaire de l'Athénée Oriental), a présenté un projet détaillant les *collections particulières et générales* et *les catalogues particuliers et généraux* que l'on pourrait faire sur l'Orient. Cet intéressant travail figure au compte-rendu de la séance du 25 octobre 1875. Il sera utilement consulté par MM. les Conservateurs des bibliothèques et des musées.

---

Le Bureau poursuivra avec persévérance la réalisation des vœux et des décisions de la Session de Saint-Etienne ; mais, pour arriver à ce résultat, il compte particulièrement sur la continuation du bienveillant appui de Messieurs les Sénateurs et de Messieurs les Députés du département de la Loire et de l'Inde française, et, aussi, sur celui de la Municipalité de Saint-Etienne, qui voudra bien continuer son œuvre de PREMIÈRE PROTECTRICE DU CONGRÈS PROVINCIAL DES ORIENTALISTES FRANÇAIS.

---

# DEUXIÈME SESSION — MARSEILLE

## 1876

## SITUATION DES VŒUX ÉMIS DANS LA SESSION

Vœu N° 1. — *L'Association internationale pour la civilisation et l'exploration de l'Afrique intérieure* est constituée, et cette grande œuvre, sous l'initiative active du grand perceur de l'isthme de Suez et avec la protection intelligente du roi Léopold de Belgique, marche à grands pas. La presse européenne l'a acceptée, et elle porte ses procès-verbaux à la connaissance des amis du progrès, de la civilisation et de la science. Toutes les principales sociétés de géographie s'occupent de cette œuvre, dont la session de Marseille aura eu l'honneur d'avoir la première communication par M. le vicomte Ferdinand de Lesseps, et de l'avoir acclamée.

La Chambre des Députés a été saisie du vœu n° 4, de M. Lieutaud, relatif au *dépôt d'un troisième exemplaire des ouvrages imprimés en province*, et elle en a prononcé le renvoi au Ministre de l'Intérieur (Rôle général n° 603, — Journal officiel du 21 janvier 1877). M. A. Piard, rapporteur.

Aux considérants du Congrès, la Commission en a ajouté un d'une haute valeur. « Ces bibliothèques dépar-

tementales pourraient, d'ailleurs, être d'une grande utilité
dans le cas où un accident quelconque atteindrait les collections de la Bibliothèque nationale. »

La Commission ayant proposé le renvoi de cette pétition
à M. le Ministre de l'Intérieur, on est actuellement en
pourparlers auprès de lui, et tout fait espérer qu'une
solution favorable interviendra très-prochainement.

———

Le vœu n° 6, de M. A. Breittmayer, est complètement
réalisé ! La séance d'inauguration de la *Société de Géographie de Marseille* a eu lieu le 6 mars 1877. La Société
a ouvert un cours de géographie, qui est déjà suivi par de
nombreux auditeurs, et, en ce moment, elle ouvre un
second cours de géographie commerciale. Elle a publié
un bulletin, qui en est à son deuxième numéro, et plusieurs cartes importantes ; enfin, elle a donné plusieurs
conférences, qui ont été fréquentées par un public d'élite
et très-nombreux.

———

Le vœu n° 9, désignant *Lyon pour être le siége de la
3ᵐᵉ Session du Congrès*, va être réalisé en août 1878,
au delà de tout ce qu'il était raisonnablement permis
d'espérer. La magnificence et la générosité de M. E. Guimet,
et les précieux et nombreux matériaux qu'il a rapportés
de sa mission scientifique dans l'Extrême-Orient, feront
de la session lyonnaise *le couronnement de l'œuvre du
Congrès provincial des Orientalistes*. Avec cette session,
l'œuvre sera réellement fondée, car elle aura obtenu
définitivement le double assentiment du haut public et
du monde savant de Paris et de la Province.

———

Les autres vœux (n<sup>os</sup> 2, 3, 5, 7 et 8) émis par la sesion de Marseille ont donné lieu à diverses démarches et à des pourparlers sérieux, mais leur réalisation fait encore question (1).

---

Les vœux de Marseille aboutiront tôt ou tard, car ils ont pour zélés et intelligents promoteurs, M. l'abbé Tenougi et M. Albert Breittmayer, dont l'initiative et l'activité ont su mener à bonne fin la session marseillaise. Ces projets sont assurés, aussi, du haut et bienveillant concours de Messieurs les Sénateurs et de Messieurs les Députés des Bouches-du-Rhône. Marseille, du reste, est habituée, comme Lyon, à appliquer l'initiative individuelle aux entreprises d'utilité publique.

*Le Président*
*de la 1<sup>re</sup> Session du Congrès provincial*
*des Orientalistes :*

B<sup>on</sup> TEXTOR DE RAVISI.

---

(1) N° 2. — Société archéologique du musée Borély.

N° 3. — Instructions de l'Institut de France et de l'Observatoire de Paris, sans conteste la loi de tous.

N° 5. — Rétablissement, à Paris, de la chaire de Zend.

N° 7. — Etablissement, à Marseille, d'une chaire de Malais et de Tamoul.

N° 8. — Création, à Marseille, d'un Institut de langues commerciales.

# RUBAN

### Offert par la **VILLE DE SAINT-ÉTIENNE**

AUX *MEMBRES* DE LA PREMIÈRE SESS.ON

DU

## CONGRÈS PROVINCIAL DES ORIENTALISTES

La tradition ordinaire, c'est de frapper une médaille ou d'en approprier une aux événements dont on veut consacrer la mémoire. La fabrication des rubans étant une des quatre grandes industries de St-Etienne (1), la MUNICIPALITÉ a eu l'heureuse pensée de perpétuer le souvenir *de l'inauguration de l'œuvre* PROVINCIALE *par un ruban artistique* spécialement composé et fabriqué pour la circonstance. Elle a offert gracieusement ce ruban à tous les MEMBRES *de la première session du Congrès provincial des Orientalistes,* SESSION DE SAINT-ETIENNE, 1875.

---

(1) Charbon de terre et houille, fers et aciers, armes de guerre et de luxe, rubans et velours.

Ce DESSIN (1) remplace le RUBAN *lui-même*, dont M. de Ravisi avait eu l'intention d'orner cette publication par une réédition à ses frais; mais les cartons de lisse ayant été abimés par suite d'un accident, et la maison de fabrication demandant 2 fr. 50 par exemplaire, il a dû renoncer à son projet.

Ce ruban a été déposé dans la collection des modèles et échantillons de rubanerie, réunie au Musée de Saint-Etienne (Palais-des-Arts). Cette splendide collection, la plus belle et la plus complète qu'il y ait en France, comprend des spécimens variés de tout ce qui s'est fabriqué dans ce genre à Saint-Etienne depuis le commencement de ce siècle. On peut y suivre pas à pas l'histoire complète de la fabrication stéphanoise au moyen des échantillons déposés par les principaux fabricants au secrétariat du Conseil des Prud'-hommes et remis au Musée après l'expiration des dépôts, augmentés successivement de nombreuses donations particulières. Le nombre des échantillons ainsi réunis s'élève actuellement à plus de 150,000 et s'accroît de jour en jour.

Nous donnerons, au compte-rendu de la visite faite au Palais-des-Arts par les Membres du Congrès, des détails sur cette collection et les noms des principaux donateurs et fabricants.

---

(1) Reproduit et gravé par M. Balaÿ, lithographe, à Saint-Etienne.

OFFERT PAR LA VILLE DE Sᵗ ETIENNE.

Reproduction en grandeur naturelle.

# TABLE DES MATIÈRES

D U

# PREMIER BULLETIN



9

**V. Exposé de la suite donnée aux vœux du Congrès
provincial des Orientalistes.**

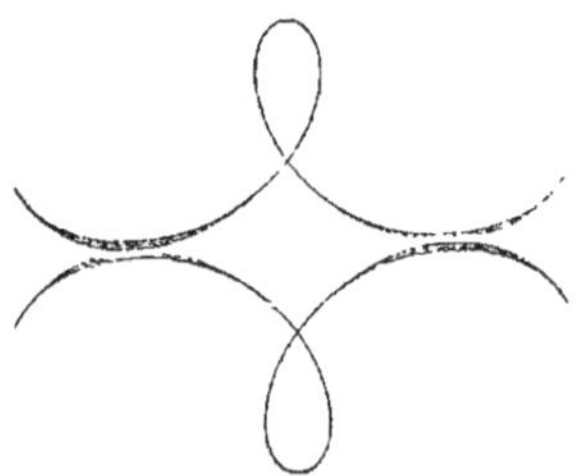

SAINT-ÉTIENNE, IMPRIMERIE DE THÉOLIER FRÈRES

9 782013 705837